文學叢刊之十八

# 墓地裡的小白花

黃能珍 著

文史哲出版社印行

文學叢書 ⑱

# 墓地裡的小白花

著者：黃能珍
出版者：文史哲出版社
登記證字號：行政院新聞局版臺業字〇七五五號
發行所：文史哲出版社
印刷者：文史哲出版社
臺北市羅斯福路一段七十二巷四號
郵撥〇五一二八八一二彭正雄帳戶
電話：三五一一〇二八
實價新台幣二二〇元
中華民國七十六年九月初版

# 自序

黃能珍

這是我的第二本散文集，分《墓地裡的小白花》和《潮聲·潮聲》兩輯，收集了一九七七年至一九八六年我在報章雜誌發表的一些充滿激情的文章，它雖然不太成熟，但眞實地記錄了我那段少年不識愁滋味的時光。

事實上，自從一九七三年以後我幾乎不再寫散文了，一方面是工作太忙碌，一方面是我已將全部心力投入詩的創作中，更重要的是我想擺脫這種軟調文章的陰影，進行理性思考，以期使將來所寫的東西達到更高層次。因此，這本散文集的出版可以說是我對過去生活的徹底告別。

此外，這本散文集也有極濃厚的紀念意味，因爲文中我所記錄的親人、朋友、同學有的已經離開這個世界，有的好幾年未通音訊，不知身在何方，有的結了婚且歷經令我難以想像的悲慘旅程。看到這本小書，我忍不住要去回想少年時代的悲歡歲月。

是爲序。

一九八七·八·十六

# 墓地裡的小白花 目次

## 輯二：潮聲・潮聲

# · 4 · 墓地裡的小白花

# 輯一・・墓地裡的小白花

# 墓地裡的小白花

小時候我就不喜歡那裡，總覺得它太過淒涼，墓前的小溪流嗚嗚咽咽的哭聲，聽了令人惆悵得立刻想死去。尤其是當父親爲我講述白骨僵屍與無頭女鬼的傳奇故事時，躺在被窩中的我，心頭總有一團陰影。不過，儘管那悸人的故事縈繞在我稚弱的心扉，我還是挺喜歡那些墓地裡的小白花。

我們都不知道小白花眞正的學名是什麼？只知道它通常都長在墓地，在墳堆上挺立起來，迎著風擺來擺去，當花苞成熟，它立刻像蒲公英一樣，散裂成白白的飛絮，隨風四散飛舞。老祖母管它叫「山膨花」，我却愛叫它「墓地裡的小白花」，這或許比較有點淒涼的詩意。

不管如何，它確曾編織過我如詩如畫的童年，當鄰居的小孩子從墓地裡牧牛回來，總會帶給我一大把一大把的「山膨花」。祖母便幫我用黑線把花的末稍緊緊紮牢，再剝開花蒂去掉種子，然後將它放在陽光下，陽光一曬，它立刻膨脹起來，眞的開成了一束束的小白花，而不是會隨風遠颺的飛絮了。

其實，我雖然是長孫，却不是祖母最寵愛的人。我生性害羞膽怯，不懂得撒嬌，一見到生人每每喜歡獨自躲在後院子裡，把自己關在屬於自己的小小世界，因此很不討人家的喜愛。那時，鄉下每戶人家普遍都很窮，幾個大人在外面奔波一天，還無法使全家人得到一頓溫飽。偏偏在我三歲那年，小兒痲痺肆虐全省，一夜醒來，我也成了受害者。父母爲了延醫治療我的雙腳，以致於債臺高築，祖母偶而會爲此感到不太高興，有時我做錯事情惹她大發脾氣，她會罵我「跛腳撞蹄」或是「破格」（倒楣鬼的意思）。

聽說祖母最疼愛的孫子，是我同母異父的哥哥金生。對於金生哥哥的記憶，我的腦海中却是朦朧一片，因爲我倆年齡相差將近二十歲，當我懂事，他已經成了叛徒，永遠離開這個家了。長大後，從父母的口中，我陸續聽到有關他的點點滴滴。原來他是母親在日據時代和前夫所生的孩子，母親因爲不堪前夫的虐待，和他離異時，就帶著金生漂泊南下，嫁給了父親。金生剛到我家只有五歲，因爲他長得聰明伶俐，深得家人的喜愛，祖母對他更是寵愛有加。

那知道我生下不久，金生變了，不知爲什麼他突然變成一個心中充滿恨的人。他以父親的名義，到處向親戚、鄰居行騙，三番四次離家出來，還自殺過幾次，鬧得全家天天籠罩在愁雲慘霧之中。我讀小學一年級那年，他到鄰村賭博，輸了一屁股債，然後逃到臺北去了。有一天黃昏，債主找了幾個打手到家裡找母親，老祖母聽到消息，猛然從床上爬起來，撐著她的手杖跌跌撞撞想趕到廚房向債主求情。想不到在走廊上踢到了一直擺在那裡的狗糟子，她重重的摔下去，從走廊的臺階滾落地上，大腦的微血管斷了，從此成了半身不遂。

祖母半身不遂，每天只能躺在病床上，連移動身體都需要母親幫忙，自然她再也沒辦法幫我紮花了。我紮花的功夫總沒祖母那麼到家，紮出來的花也不像母親剛浸過的頭髮那麼漂亮，却像極了我那一頭蓬鬆的亂髮。我氣極了，小手一扯，它便又隨風四散飄飛。瞪著它，我揮舞著小拳頭，口口聲聲喊著「魔鬼！魔鬼！」這時，祖母就會用她沒得病的左手，撫摸著我的頭，安慰著我：「得了，乖孫子，你不是做得很好嗎？」

不知爲什麼？自從金生逃離家，彷彿從這個地球消失後，祖母漸漸對我憐惜起來，有好東西總是留下來偷偷的塞給我，而且不再埋怨我不是一個六脚長鬚（肢體健全的意思）的人。最令我詫異的是，大家都避免談起金生，好像把他當成已經死了的人一樣。長大後，我才了解，對於我們家，金生好比一道深切的傷痕，大家都小心翼翼的繞過去，怕觸痛它。可是，儘管大家努力隱藏內心的情感，它仍然會在不知不覺中渲洩出來——因爲祖母和母親偶爾會把我的名字誤叫做金生。

小學五年級，祖母病情惡化，看看大去之期不遠了。她臨死前四天，不吃也不講話，只是眉宇深鎖的躺在床上，眼睛迷茫的看著門外，不知是不堪死神的折磨，或是在等待誰一般。我永遠也忘不了她走的前一刻，祖母已安置在大廳中，全家人臉上都帶著哀淒之色，靜靜等待「時刻」來臨。躺在床上的我，極力用雙手掩住耳朵，不要聽到父親低低的飲泣聲及老祖母喉口發出的咕咕聲。漸漸的，我的腦海中有一束小白花載沈載浮著，後來，它們便散成一團一團的飛絮，隨風飄去了……。這時祖母的咕咕聲越來越小，越來越急促，終於聽不到了。

祖母安葬後一年，母親帶著我去掃墓，我看到她的墳上長了兩三株小白花，我沒摘下它，不過我却拔下了及膝的亂草。我問母親祖母寂寞嗎？她回答我說：「不會的，她的左邊有你×

×大姑，右邊有你××大嬸……。」

掃墓回來後，父親忽然狠狠的談起金生，談起他之所以離家出走的原因。原來，金生剛來我家，父親為了不使他長大會對自己的身世產生陰影，特地請戶籍人員登記為長子。我生下後，父親要將我登記為次子，却受到戶籍人員的反對，他們堅持要依法將金生改為養子，否則無法辦理我的戶籍，父親只好萬般無奈的同意了。那知道，有個壞心的鄰居知道此事，加油添醋對金生渲染一番，說父親有了親生兒子，已經不愛他了，叫他要想辦法北上找尋生父，不能老是寄居在人家的矮簷下。金生聽了不禁心動，從此他開始仇視家裡的每一個人，開始懷疑純潔無瑕的父愛母愛……。

不久，我北上治療病脚，假山上蟋蟀的唧唧和夜雨的淅瀝，從黑暗中傳到我的耳邊，好似我已逝去的童年，沙沙的來到我的夢中。二月裡杜鵑花把假山染成了彩虹般的顏色；十月，教室旁邊的桂花又開始飄送它的芳香，但我却只惦記著墓地裡的小白花，以及我的祖母。

出院後，堂兄和我再度去了那裡。好靜好靜，偶爾只聽到遠處幾聲野狗淒嚦的哀鳴。這時的我已經足夠了解墓地裡的小白花所代表的意象了。它像許多無根的人，遊魂般東飄西蕩，雖然想反叛命運，但反而遭到命運的嘲弄，因為不管它飄得多遠，後來仍然著根於墓地，讓命運再度重演，讓悲劇循環發生。

我和堂兄在墳前竚立了很久，前塵往事在腦中風起雲湧，一頁一頁飛快的翻閱過去。我們都明白，儘管時光飛馳如雲，記憶仍會歷久常新，所以，大家永遠會記得老祖母，也不會淡忘金生。

後來，我讀國中，堂兄南下臺南學黑手，我們已經無暇去墓地，沒有心神進入以前那段傷感的時光隧道了。不過，母親偶爾會收到一封沒有署上地址的信—想也知道那是金生寄來的。只有在這時候，我仔細的讀給母親聽，心頭才會濕濕的，好似飄過一場寒雨一樣。這樣不知又過了幾年，有一天中午，當我在家裡睡午覺，有個瘦瘦高高的中年男子，帶了一群兒女走進我們家。我霍然跳起來，因爲直覺告訴我，那一定是離家十幾年的金生哥哥。

父親趕緊到工廠把母親載回來，母親看到他，全身哆哆嗦嗦地震顫著，只模模糊糊的叫了一聲「夭壽仔」，就放聲啜泣起來了。

當金生聽到祖母已經在好幾年前去世，不禁呆住了，眼睛閃爍著淚水的光影，他走出去買了一堆金鉑冥紙，和一束清香，要求我們馬上帶他到墓地。一路上，他不斷問起祖母臥病在床那幾年的種種情形。到了墓地，他上完了香，點燃了冥紙，然後雙膝重重的跪下去，低垂著頭，任憑他的兒女在背後叫他，他也不爬起來。

上完香，他又返回台北。從此，他的訊息似斷不斷，幾年後我們就再也不知道他流落何處了。

（寫於一九八三・五月）

# 母親的帆布袋

我有過許多願望，它們常常在時間的潮漲潮落中淘盡了顏色，或是變得模糊不清。但是我希望早日接過母親的帆布袋，這個願望卻在激流中傲然的堅聳著。

母親的帆布袋，以前就吊在父親那輛吱吱啞啞、破破舊舊的脚踏車上，父親每天騎十公里的路去紙廠做工，帆布袋裝著水泥工應用的工具，和一個簡單的冷便當。那時候我極怕父親，那張被生活烤焦的臉，看起來是那樣嚴肅，那樣遙遠。我十一歲那年夏天，父親在工廠修理房子，從屋頂上摔下來，摔得血肉模糊，渾身是傷，帆布袋也沾滿了一處處黑黑的血跡，只有那個冷便當還展示著完好的蕃薯籤和一尾鹹吳郭魚。

父親出院後我仍然還未從驚悸中走出來，母親推著我到父親的床前，要我說幾句安慰的話，我心理只是疼得陣陣發暈，一大片陰影在心中低低的流轉著，彷彿整腹腔的肝臟被拆裂開來，只是半句話也說不出。面對著連唯一的兒子也患上小兒痲痺的家，父親只能吐著一口又一口悠長的氣，倒是瘦小的母親在困阨中變得堅强和巨大，脊樑挺得硬又直，她深深知道，雖然她半個字也不認識，但她必須撐持下去，不能讓這個家垮掉。

因爲不能讓這個家垮掉，當父親六十歲退休，在生活的道上不得不因病痛而停下脚步，母親立刻接過父親的帆布袋，挺身蹣跚的走下去。命運雖然陷人於困境，但它並不會令人絕望，這個家在母親手中還是如斯完整的延展開來，雖然面臨淒風苦雨，它仍然抵擋下去了。

母親背著帆布袋投下她所有的力量，也把血滴在路上。當我讀國一時她的手指被機器絞傷了，她鮮血淋漓的被抬回來，沒有呻吟和怨懟，映著下午的陽光，她的臉上只是浮著傲岸淒愴的美。

只是從此母親的健康急轉直下，胃病和咳嗽常年包圍著她。母親的帆布袋，除了放著那個冷便當，也成了她隨身攜帶的藥箱，她天天用藥物來支撐她的身體，再用瘦弱的肩膀來扛起生活的重擔。爲了傳述綿延的愛，母親將生命點火燃燒，她只是希望這個家再怎麼不幸和艱困，也要不偷不搶不伸手索求，頂天立地的活下去。

就這樣，一年又一年，母親把頭髮熬成了銀霜，把青春拿來煎滾歡笑。十年的磨難過去了，雖然她也到了六十歲，但她仍然把那個老舊的帆布袋緊緊抓在背上。有一次我站在門口凝望她走入灰濛濛的晨光中，她迤迤邐邐的走著，忽然一陣激烈的咳嗽抖動她背上的帆布袋，她的腳步頓時凌亂起來，那個帆布袋也在我心頭撞來撞去，抖動得很厲害。

（寫於一九八二・四月）

# 妗婆

父親去世後，妗婆開始和母親展開頻繁的往來。

妗婆住的地方和我們家只隔著一條馬路，距離不超過五百公尺。雖然住得這麼近，雙方却不常接觸，除非有婚喪喜慶等重大的事件發生，否則我們是很少出入妗婆的家的。

在我的記憶中，妗婆的家有一片廣闊的院子，前、後院都植滿蕃石榴，還有一棵又高又壯的芒果樹。那些蕃石榴都是當時剛改良成功的新品種，樹身低矮，果實却大而甜脆。蕃石榴結果的季節，很多小孩子常翻牆進去偸，萬一被妗婆看見了，她就會拿起掃帚，搖擺著高大肥胖的身軀，像鴨子跑步一樣，拼命地追打他們。

小時候母親也曾帶我到妗婆家摘過蕃石榴，對於那些蕃石榴我垂涎已久，但進入她家後，不知怎麼搞的却忽然不感興趣了。兩隻眼睛只是骨碌碌地盯著房子四周，彷彿這裏隱藏著什麼新奇古怪的東西。

妗婆的家和我家一樣，屋頂蓋著紅色台灣瓦，牆壁的下一半砌著暗紅色的磚頭，上半部則是白色泥牆。妗婆的兒子——我的丁科叔叔——是個建築墓園的師傅，我很少見過他，如今恐怕連他的輪廓也不記得了。往後我還去了妗婆家幾次，每次都感到那裏異常地冷清，幾乎都只看到妗婆一個人。

有一年的某一天，妗婆家突然「熱鬧」起來了，左鄰右舍紛紛跑到她家探頭探腦的。原來我的丁科嬸嬸帶著我的小表弟回來了，這件事幾乎使附近的街坊沸騰一時，走在菜市場常常可以看到婦人們三三兩兩地聚在一起傳遞這件消息，人們經過她家門口，總會有意無意地探頭窺望一下，要是有人遇到妗婆，閒話過家常，必然要補問一句：

「貴香仔那時候回來的呢？」

這樣的問話雖然好奇多於關懷，妗婆仍然皺著眉頭，嘆著氣，把她對媳婦的不悅形諸臉色。聽說丁科嬸嬸是從婆家逃出去的，這次丁科叔叔特地到高雄，說好說歹好不容易將她們母子接回來。

丁科嬸嬸離家出走的事情，打從我懂事時就有所傳聞了。據說她是不堪婆婆和丈夫的苛待，尤其是妗婆，看她特別礙眼，打從她進門，就不給他好臉色看。後來，連丈夫也對她拳脚交加了，有一次，丁科叔叔在盛怒中，一脚踢中她的下巴，活生生地將她整排門牙踢了下來。

丁科嬸嬸回家後不久，曾經來拜訪過我們，她看起來既瘦弱又憔悴，一副飽經風霜的模樣。偶爾她會抽抽搭搭地說起離家後所經歷的苦楚，不時露出鑲製的門牙辛酸地笑著。也許她太瘦了，光看她的外表，確實有一兩分討人嫌棄的醜態，但她講起話來輕聲細語，帶有幾分溫柔，討人不少同情。

她回到家裏，妗婆雖然不再惡言相向，也是冷眼待她。但她極力忍耐著，堅毅地扛起鋤頭，下田耕種，或挑著畚箕，跟隨丈夫到墓地做小工。這樣一年又一年地過去了，她兩個兒子都長大了，這時，當妗婆小聲地數說她兩句，丁科嬸嬸也會不客氣地把話反撥回去。

妗婆老了，她雖然還是那麼高大、健壯而肥胖，但她的銳氣幾乎已被歲月銷磨殆盡了。只見她捏著一串念珠，成天往佛堂裏跑，她對媳婦有不少埋怨，却小心翼翼地，不輕易向人吐露，而當丁科嬸嬸回顧以往的創傷和疤痕，心潮雖然波動鼓湧，也只是經常在妗婆面前嘀嘀咕咕地發洩一番罷了——這一番也夠妗婆受了。

兩年前我的父親病逝，妗婆來我們家幫忙料理喪事。那時，我在嘉義工作，偌大的房子只住著母親一個人，妗婆怕母親睹物思夫，情難以堪，幾乎每晚都來陪母親渡過長夜。在我們家族，母親雖然是個大媳婦，但因爲她做人太過單純、軟弱，不懂得搬弄心機，所以叔叔、嬸嬸們並不太尊重她，動不動就對她大吼大叫。妗婆和母親也許都懷有「孤鳥插人羣」的感喟，也就更爲惺惺相憐。

從此，妗婆一天要來探望母親好幾次，兩人常在一起吃飯、聊天、到佛堂上香。有一年，母親腦血管阻塞，昏倒在床，妗婆急得臉都皺成一團了。她困難地彎下肥胖的身體，拼命搓揉母親四肢的筋脈，一面着急的叫着：「要怎麼辦才好？要怎麼辦才好？」母親病好了後，又因爲重感冒，併發胃下垂和十二指腸發炎，妗婆也頂著六月的大太陽，一次又一次陪母親搭車到新營診治。

有時候我回到家裏，看見妗婆瞇着眼睛，手揷在裙子的口袋裏，一搖一晃地走進我家。她突然見了我，靦覥地笑笑，然後從衣袋中掏出幾個水果，小聲地說：「我不曉得你回來了，這本來是要給你母親吃的，你拿去吃啊，不要被人家看到了。」

等我要返回嘉義，要是她看見我二叔他們在院子裏，一定會把我拉到牆邊，把嘴巴湊近我耳畔，把聲音壓得又低又尖地說：「記得和你阿叔他們打一聲招呼，說你要走了。你母親住在這裏，你要對他們巴結點。」

當我踩動機車，踏上廣闊的大道，妗婆的話逐漸在我心中膨脹起來，好像在暗示我：「住在矮牆下的人，堅强起來！在現實的夾縫中站立起來。」

（寫於一九八四年）

# 攫

走出嘉義市區，細雨一路綿延彎到義竹鄉，無盡的雨絲飄來飄去，撲朔迷離宛如夢境。而我的身上只穿著一件黑色的風衣，雨衣在機車後座擱置著。

雨網網著縹緲的遠山也罩著蒼灰色的大地，清明時節雨紛紛，我應該是欲斷魂的路上行人呀！啊！四十公里的車速奔馳在公路上，雨珠從髮梢上溜滑下來，爬上臉頰，這是雨還是淚？

其實，雨與淚都是一樣清晰的，十幾年前我送祖母上山頭，曾經慘烈的哭號過，淚水一路決堤而出，聲音都咿啞了。啊！那時我眞的體驗到了生的幻滅。眼看祖母的棺槨被推進地穴，掩上一坯黃土，我忽然感到生與死兩世界的隔離，我這才驚覺今生今世再也見不到她的面了。

在無盡雨中記憶特別明，往事經過刷洗變得很尖銳。屈指算來，十幾年也不知落了幾百場雨，從千巒疊嶂的東海岸到風沙掩伏的西部平原，雨聲綿亙幾百公里。從細碎迷離的雨絲到滂沱驚愕的雷雨，我們置身其中，懷抱著多少碎裂的夢。像紛紜的水珠滙成涓流，生命淘淘的往大海急奔，無從反抗也無從逃避。啊！既然人生是一齣戲，人類都是戲裡的演員，不管是悲劇或喜劇，我們就要好好扮演自己的角色。

在雨裡看世界，世界眞的恍如一梭飛煙了，大家都像枝上的花末，大家都像雲上的雨珠，終有一天要歸回泥土，那又何必怨尤人生呢？

但我就是不能盡情起來，不能一眼將紅塵看破。萬益大師曾說：「境緣無好醜，好醜起於心，愚人除境不除心，至人除心不除境。」

因爲我是無法除心的凡人，所以我常想起我的阿姑，想起那張美麗溫柔的臉。

在一場大雷雨中，我的阿姑走了，歸向她的原始她的最初。如今，恐怕她的屍骨都已幻化爲塵泥。

阿姑死的時候我才十四歲，在遙遠的北投醫療我的病腳，隔著翡翠色的百葉窗看觀音山上的無盡雨，聽火車的輪聲飛嘯過我的窗前。如今都變得恍惚而空幻，我已經忘了當父親將噩耗帶給我時，我心中是否也下過一場淅淅瀝瀝的雨了。

只記得，從此我害怕落雷和閃電，那種美麗又瞬間的死亡，我常常想，美的極致難道是死嗎？死亡的手時時徘徊在人群中，只要一不留神，它就將你我攫走。

攫走又怎麼樣呢？九三水災那夜，千萬隻死亡的手就在天空伸展搜索著，霹靂瘋狂的擂打大地，排山倒海的響聲搖撼我的小木屋。我雙手掩著耳朵，蜷縮在被窩裡，神色顯得怪異而扭曲。

無盡雨就那樣莫名的落著，像千軍萬馬往屋頂跳躍過去。然後大水就來了，污黃混濁的大水從山上沖瀉而下，發出撕裂人心的混沌吼聲。我忽然超脫了死的恐懼，忘情的站在窗前凝視水面上攢動的萬條金蛇—翻滾的波光映著閃電，這樣妖艷的夜，美得令人不寒而慄。

水退的時候，大地鍍上了一層黃泥，走在上面，我猛然想起我的阿姑，她的死強烈地展翅掠過來。啊！她就是這樣顫危危倒在一片黃泥地的。九年前某個下午，爲了生活她扛著鋤頭下田去，一場大雷雨殛戮她的頂門，她毫無準備的被攫走了。

（寫於一九八二・三月）

# 旅程

喜歡在落雨的晚上走出去兀立溪邊，傾心諦聽勁疾的風聲水響，也喜歡在靜靜的午后看陽光翻過短籬，在我眼前閃爍跳躍。你說，生命歷程不也是交織著風雨和陽光嗎？

回首前塵，常是一場夢般的驚覺，青苔在歲月的大脚印上迤邐蔓延，斑剝的回憶每每在夢中腐蝕著我的笑聲。偶爾，苦澀的過去還不斷在我血脈中奔流穿梭，我常常在這種心境下獨自走在西海岸銀色的沙灘上，聽洶湧澎湃的潮聲在天地間有節奏的敲撞著，這時，連哀傷都變成一種輕盈的美感了。

十八九歲時的我，心靈上不也是充塞著那一陣又一陣深沉的廻響嗎？心海裡不也是翻騰著排山倒海的風浪嗎？白茫茫的浪花騰空打來，我在它的覆蓋下每每招架不住。往往，生離與死別這齣戲在我周遭越演越烈，祖母、姑姑、姑丈，還有我初戀的小情人…。他們都默默的離開這個世界了。每次苦雨不停的時候，我刻骨銘心的想念著他們。

最忘不了的是六年前一場大雷雨，姑姑在田裡荷著鋤頭倉惶走避，多少無助與驚恐襲擊著她欺侮著她，她企圖踩過阡阡陌陌奔回家，既而電光一閃，她彷彿一枝枯黃的野草，危危顫顫無聲無息的倒了下去。直到暮色跨過她身上，逐漸埋葬了所有的大地，姑丈終於發現了她—混濁的泥水已淹過她的屍體。

生命的旅途是那麼飄搖和無依嗎？死亡是那麼兇猛和不容抗拒嗎？幕升幕落，有人悲有人泣有人喜，又有誰是那遺塵忘世看破悲苦的哲人呢？

姑姑走後才一年，姑丈也亦步亦趨，追隨她而走了。此後，我相信著，堅貞的愛情是要生而比翼死結連理的。

從此我小小的心靈總是充塞著涼涼淡淡的愁緒。我還是個小國中生，學校一位年輕女老師，在癌的摧殘下痛苦的殞落了。每次月考過後，我總會坐在車棚旁邊的石椅上，遠遠的看她的學生抱著一束束鮮花走過去放在她墳上。

生離總有聚首的時候，死別却是一場不再的宴席，人何以堪？但我們又有誰能脫離這條長亭更短亭的旅程呢？記憶中最痛苦蝕心的撞擊是我初戀的小情人高中聯考失意，仰藥自盡。十八歲的我在她的死訊中失魂落魄，流離失所……。

如今，那些如煙似霧的往事還不斷回來找我哪！

雖然旅途上坎坷多舛，生活中諸多不幸，但我並不嗟嘆，何郡常常對我說：

「當勁疾的狂風撲打著樹葉，樹葉也會唱歌。」

因爲有那些痛楚不斷壓迫我戕害我，我的筆才能不斷的揮下去。廚川白村不也是說：「文學是一種苦悶的象徵」嗎？

有陽光的日子，我喜歡那一帶亮澄澄的藍天，風雨盈盈在耳時，我何嘗不願迎接和風雨聯袂而來的晦暗呢？

雖然在生命的旅程中屨仆屨跌，但有一天我一定會站立起來，巨人般屹立不搖，俯視蒼生。

（寫於一九八〇年）

# 軍官之花

那個軍官死了。

這是我住進這條巷子的第五年，一切依舊而清晰，巷口住的都是些低收入戶和外鄉人。據說以前這裏曾被祝融追逐過，一帶磚頭牆壁仍留有烈火吞噬啃嚙過的傷痕，黝黑斑駁，煙漬成的痕跡。星火燎原把整片磚房付之一炬，火燒到我房東門前才被撲滅。當人們從驚悸中還魂醒來，偌大的房子只剩一副赭紅色的空殼，滿目悽愴，到處是焦黑的碎瓦樑柱、斷垣殘壘；到處是飛灰焦土和貧窮人的眼淚。

人們忍著淚水修砌傾圮的牆柱，在烏黑的磚壁上安裝新的玻璃窗和木板門，屋頂上舖蓋一大塊石棉瓦，四周豎立鐵架作爲支柱。瀕臨河溝的地方就用一根根的木頭頂著，木頭錯落地深入水中，有一天深夜轟然一聲巨響傳來，有戶人家支撐房子的木頭在水中腐爛了，不勝負荷，半間房子往河溝坍塌而下。

巷口受到兩旁這種怪異建築的夾擊，看起來陰陰慘慘的，令人鬱悶不歡。裏面散住著退役老兵，賣楊桃冰的、修理皮鞋的軍官、賭徒……。他們也像這些刺眼的房子，時常掄舞舌槍、往來衝殺，一場混戰下來，大人小孩都出動，所有的髒話和咒語滿天飛撞。最可怕的是那個嫖悍兇狠的海口女人，她專橫的活著，不惜得罪每一個人，當她蜷縮在路邊點燃煤炭爐，濃煙分割她的臉，看起來彷彿鬼魅一竄一竄地動著。

當她目空一切，挺著臃腫的胸脯到處咬嚙別人，這時只有那個軍官才是她的尅星。

以前我只知道他是一個修理皮鞋的怪人，他和太太互相怨毒的住在一起，整天難得交換一句話。修完皮鞋回來，他把那輛又老又黑的脚踏車倚在牆邊——車後座是個工具箱，側面歪歪扭扭寫著「修理皮鞋」四個大字——就蹲在門口翻著白眼苛刻地瞪著來往的人。

很顯然他支配身體動作的神經曾受過嚴重的摧殘，有一手一脚已微微蜷曲了，走起路來一踮一踮斜斜的跛著。講話的口音也糾扭地纏在一起，聽起來有點蒼涼，有點恐怖。

有一天早上他呈大字形仰天躺在巷口，眼睛往上翻，白沫噴滿整張嘴巴。他太太蹲下來用紙擦他嘴角的白沫，好久好久他醒過來了，脚踏車騎著，依舊出門修理皮鞋。這時我才知道他原來是個羊癲瘋患者。

沒工作時，他常常站在烈日下拼命劈木材，右手舉著柴刀憤懣的砍下去，木材的破裂聲刺耳地相映大地沉悶的回聲，好像對著命運發出無助的抗議一樣。據說他的病逐漸逼使他走上瘋狂的道路，當有人觸怒他，他立刻挺身而戰，揮舞把握得到的器物，瘋狂的劈刺對方。

不久前的中午，他搖搖晃晃站在巷口怪笑，滿頭滿臉都是泥漿，有些已經因乾燥而龜裂出細紋，衣褲正一點一點滴下污水。他對著鄰居嘿嘿的笑著，聲音低沉沙啞，彷彿來自地獄。他說他騎車回來時舊疾復發，翻落水溝裏，幸好路人看見將他打撈起來，他才免去一死。然而，死亡一經註定畢竟無法免脫。這似乎是我見到他最滑稽也最心悸的一面了。兩三天後他忽然失蹤了，聽說他的羊癲瘋又在半路發作，他從脚踏車上摔下來，砸破了腦袋，送進醫院不治死亡。

他的屍體也在當天下午焚化，沒有花圈儀隊和盛大的送葬行列，只有一副薄薄的棺材，後面跟著他太太和三個小孩子，在燠熱的下午哀感地走向火葬場。

他死後漸漸有人談起他的過去，原來他曾經是個軍官，有著無限的遠景。然而有一天，潛伏在他體內的羊癲瘋爆發了，逼使他含淚退出行伍，無可奈何住進簡陋單調的房子，以修補皮鞋度日糊口。雖然他羊癲瘋發作的次數越來越多，經常在半路兩眼一直便滾落馬路中央，但他仍然勇敢的接受他的命運，毫不退縮。這不正像希臘神話裏的大力士薛西弗斯，當衆神之王宙斯罰他無盡止的勞役——將一顆大石頭推到山上，眼看著它又滾落谷底，再將它推向山上，如此反覆不已。他不但決心接受他的命運，而且快樂的接受這項懲罰，因爲他的快樂決心，使得衆神對他感到無可奈何，使得推石頭這件勞役，也由懲罰一變而爲對宙斯的嘲笑和反抗。

軍官死了，巷口仍然吵雜的喧騰著，成羣的小孩由這條巷子追逐到另一條巷子，喊聲連天，一切都沒有改變。只有那個海口女人失去了她的敵人，看起來有點寂寞，早晚仍趕著一羣雞鴨穿過巷口。軍官的老爺車在巷子裏擺了兩三天，不見了，也不知是賣掉或牽進屋裏；只有那個修理皮鞋的工具箱擱在牆邊角落，想必再過幾天他太太就要將它劈開來，拿去燒一壺洗澡水了。

（寫於一九八二・七月）

# 歲月鏤刻的臉

暗夜裡醒轉過來，側身望著窗外那盞孤楞楞的水銀燈，偶然會想到生活那條路是如斯坎坷艱困，就像一條牛車路，中間兩道深沉的車轍，旁邊儘是些枯黃的乾草，有時逢上下雨天，泥濘會吸著你光著的脚丫，你踉踉蹌蹌的走過去，褲管儘是烏黑的泥漿。只要你生下來，生活這條路絕不會放過一個人，你註定要踏著它前進，在這條路上用力匍匐流血流汗；你可能死亡可能走過去，但就是不能停下來。

在無盡止的跋涉中，我最難忘的是投身人類歷史洪流中，每一個卑微的市井小民。每一張歲月鏤刻的臉，在滔滔不絕的激流裡苦苦地流轉著，輕描淡寫地描繪出他們不起眼的人生。偶爾他們也會像掠空而過的流星，令人留下美麗的不經意的一瞥；偶爾他們會轉了一個調子粗沙哀啞地唱下一生。

最忘不了的是畢業後那年春天，我苦澀的活著，生活像古井不揚波，毫無目地的靜止令我惶恐不安。日子追隨著日子，單調咬著單調的齒輪，每天不停的工作、吃飯、睡覺，已經把我的壯志銷磨殆盡。我丟下筆，稿紙捲起來，決心在人生的舞臺上讓自己成爲凡夫俗子，永遠不再寫文章。有一天爲了在無神的生活裡注入綠意，我撇下一切，遠去臺南找堂弟，當晚投宿在鐵工廠的工人宿舍裡，春寒料峭，半夜裡凜冽的寒氣和一陣低沉的呻吟將我吵醒。我爬起來，眼睛努力搜尋過去，隔著兩張床，有個五十多歲的瘦小男人，仰著頭在喝米酒，一面哀怨的呻吟著，像一支走調的胡琴，聽起來有點天風慘慘的感傷。

這時堂弟也醒來了，他輕聲斥責他：

「老芋仔（此爲臺人對外省老兵的稱呼），你每天都喝成那個樣子，難道你想死了。」

老芋仔狠狠的呑下一口米酒，搖了搖頭，痛苦的說：

「阿東啊！我好痛苦，我從小隨著政府來臺灣，一晃三十年過去了。我沒有家沒有妻子兒女，無依無靠，窮苦潦倒，而且渾身是病，來這裡還是老板娘可憐我，給我工作。唉！我度日如年，喝酒是爲了忘却今日和病痛，痲痺自己睡個好覺，以便應付明天的工作。阿東呀！我好怕，我沒妻沒子，一朝死了誰來埋葬我呢？阿東呀！我怕我死了，他們隨便用一把火將我燒了……。」

說到最後，聲音逐漸黯然下去、黯然下去，一個字一個字變淡變模糊。然後，他轉過來，伸手去拿酒瓶，他的左手掌竟然只剩下大拇指和無名指，兩根手指激烈的抖著、抖著。

其實許許多多的老兵，都有這種共同的命運與淒涼，他們躲過烽火硝煙的巨手，卻在現實的凌虐下無助的凋謝死亡。有些人面對著壓擠而來的命運，左遮右擋，無助的驚慌掙扎；有些人卻能豪邁的笑鬧著，我認識一個湖北老兵，他經營一家麵店，整年穿著粗布短褲汗衫，粗枝大葉的點火煮麵，整天咧著一張嘴巴，用當蛙人的肺活量招呼客人，空閒時就吊著嗓子哼幾句平劇。我很少看到一個老闆像他那麼可親，彷彿一點脾氣也沒有。有一天我去吃麵，旁座兩個客人酒酣耳熱的暢談移民美國的計劃，興高采烈之餘不禁手舞足蹈。正當他們陶然忘我時，老闆突然冷冷的插嘴說：「美國有什麼好！美國有什麼好！共產黨打到那裡照樣要死。」

時間驀然僵住了，大家抬眼望他，只見他的臉冷冷的張著，目光如炬，發出震懾人的寒光。那是一張走過死蔭幽谷的臉，經過戰火的薰烤，飢餓的鞭撻，鄉愁的錘鍊，有家歸不得的臉。他嚴峻凜然的站著，用岩石般冷凝的寒氣君臨大家，只一剎那，這個平凡的人變得多麼神聖呢！

凝視一張臉，常常可以看出他生命歷程中的涓流點滴，尤其那些販夫走卒市井男女，他們被時間劈傷的臉，每一道凹痕與皺摺，逐漸深入的黧黑膚色，都是生活的巨輪留下的痕跡。他們在烈日下卑微的活著，為了三餐和子女毫不猶豫的獻出自己的生活，每一張閃著汗光的臉苦苦的澀澀的，有如吹過一場風沙，多麼令人心悸和感動啊！

有一次我就被那樣一張臉擊傷了，那是房東的看護，一個五十幾歲的老婦人。一天中午她接到打給我的電話，以為我不在就將它回掉了，我推開門走出去，內心充滿起伏不平的憤怒。她看到我不停的道歉，我粗聲粗氣的說沒關係，她邊道歉邊不安的走上來，一再向我說對不起，我的眼光赫然照到她的臉，心頭有如被木槌重重撞擊了一下。啊！她臉上儘是錯綜複雜的皺紋。經過歲月的斧劈刀鑿，經過人生的變異滄桑，經過愛恨的輾轉煎熬，那麼深刻的凝縮著。她的臉上憂憂的，彷彿打了一個結，我猛然想到我的母親，心頭逐漸酸楚上來。

在世界的大舞臺上，這些小人物擁抱著註定的命運，毫無怨言投入歷史的洪流中，他們的臉只一閃爍便被淘過去了。而最令人難以堪的是在深夜裡，看見那些鬢髮盡白年過半百的老人，危危顫顫沿街叫賣著：「燒—肉—粽—喲——」、「大麥—粥—喲——」他們的聲音啞啞的沙沙的，好像鬼魂牽著一根細長的絲繩，要索取誰的命似的，在長街短巷裡飄來飄去，飄來飄去……。

（寫於一九八二年）

# 那一片叮哨的鎖鍊聲

我永遠也忘不了那一片叮噹的鎖鍊聲。

那是許多許多天以前的事了，在教室的一個小角落，我收拾起倦怠的神思，準備傾聽老師講述絕對值的問題。連日來對人生的苦思已使我的精神感到極端的疲倦，我已厭倦在某一個定點上作無謂的苛求與探索；我已不願刻意去追求十九世紀浪漫文學的精髓。這時候，我只想學好數學，說眞的，我只想好好聽課。

然而，當我的眸子隨著老師起落的手指幻生著某種光彩的時候，有一片寂寞的叮噹聲，伴著渺茫的風鳴流進了我的耳鼓，汪洋了我善感的胸膛。我的眼神渙散了，手指輕輕的滑落胸前。我悄悄的轉過頭去，在一片廣袤的操場上，有一群人拖著呆滯的步伐正一鋤一鋤地在拓墾跑道。許多汗從他們的額際他們的手上他們的背脊上紛紛淌了下來，掉落在萎黃的乾草上。我不知他們是否流淚，如果是，那一定是酸澀酸澀的。

不久，有人從教室的窗口走了過去，那一片叮噹的鎖鍊聲已經不只一次扣響我塵封的心弦。我再也沒有勇氣看下去了。我重重的回過了頭，眼眶潤濕了。

很久以來，我始終不肯承認自己是個感情脆弱的人，有時臨風吟誦到『落魄江湖載酒行』

就覺得落拓多了。在這紅塵俗世中，萬事萬物都如雲煙，那麼虛無，那麼縹緲，何必爲它們黯然神傷呢？但是如今我的思緒零亂了，不成熟的憂鬱咬噬我稚嫩的靈魂，滿野哭感襲來，我的淚在漲潮。

第一次爲外物感到傷感那已經是好多年以前的事了。當我還是一個小孩子的時候，有一次家裡舉行祭祖，母親把後院餵養的一隻母雞抓到廚房。我蹲在一張小板櫈上看她口中念有詞，右手拿著菜刀在空中比劃了幾下，然後劃然一刀刀落在雞脖子上，鮮紅的血湧了出來，有幾滴濺落在我的手上。我從廚房中走出來，那天中午，我一口飯都沒吃。

後來，我頂著五月的艷陽天到村郊去找尋一口爬滿綠苔的古井。滿道猖狂的相思樹，星點般的黃色小花，像火焰燃燒著我的血脈和胸臆，在那蓊葺的小道上我醉了，我爲這恬謐季候輕輕瘋狂著。啊！這自然的律動是多麼迷人呀！我幾乎忘了來此地的目的。

我找到那口水井的時候，西天只剩幾片殘餘的晚霞。我伸手撥開一叢一叢的芒草，終於在亂石殘瓦中發現了它。我驚喜的屈膝跪下，小心攀扶著井湄，借著淡淡的霞光把我曾沾染血漬的手放進墨綠的井水裡用力搓揉著。冷泌琤琮的水聲從古老的磚縫間傳出來，像舒伯特的小夜曲，悠美而柔和。那件不愉快的事情暫時被我忘記了，眞的被我忘記了。

依偎在井湄，沉湎著深遠的記憶——那些爬滿苔痕的記憶，我感到自己還是一個豪邁的人。我忘了該如何去悲天憫人，忘了那隻淌血的母雞，刀光劍影已不存在哪！然而，我到底還是一個感情豐富的人，在我生命的小世界裡囊括的只有一個情字和一個愛字，這是我成功的地方，也是我的致命傷。

我在井湄坐了很久，直到昏黃的路燈閃爍著迷朦的光影，我才站起身來，拍拍屁股，神采奕奕的走回去。

以後每逢家中拜拜，我就夾著一本童話書，去走八掌溪長長的土堤。那種兀立在秋風中的孤傲，更使我否定自己是一個感情脆弱的人。踩在高高的土堤上，沒有恐懼和焦慮，沒有猶豫和怔忡，那一條瀲灩的長流在我的脚下任性的澎湃著、洶湧著。我靜靜的咀嚼豪放飄逸的眞諦，默默享受著試圖遺忘的苦澀美感。

然而，我想不到，眞的想不到好幾年後的今天，在山城，我平靜無波的心湖竟被那一片叮噹的鎖鍊聲攪亂了。我的眼光仍然注視著黑板，但我的神思已飄回古老古老的孩提時光，許多故事，許多螢光在我的腦際穿梭著。我彷彿又回到那一間低矮的廚房，蹲在小板櫈上看母親殺雞，血光閃處，我推開草門走了出去。但當時和此時的心情已經迴然不同了。當時傷感的是有生命的生物，如今呢？我甚至覺得那些人是活該的，我只是感到那一串叮噹聲是多麼陌生啊！

傍晚我懷著鬱結的情緒坐在圖書館旁邊的紅牆上思索著那一片寂寞的鎖鍊聲。柔荑般的晚風在椰子樹梢上翻動著，許多雲絮緩緩地划過西天，我托著腮，只見蘇美嫣從七里香徑一路踢著石子踽踽而來，我發現她草綠色的大書包在綠葉叢中晃動著。在她小小的身子後面更遠處，我又看見了那一群犯人低著頭在工作，但我已聽不到那一片叮噹的鎖鍊聲了。她經過我身邊時滿臉詫異地看著我：

「不回家？又在想些什麼東西了？」

我指著遠方。「那些雲！那些易逝的白雲！」

我沒告訴她那口水井，那隻淌血的母雞，更沒有告訴她那一片寂寞的叮噹聲。她看了看那些雲搖搖頭走了。

我繼續思索著那一片叮噹的鎖鍊聲。

（寫於一九七七年）

# 孤星

在冷冽的北風中，在酒香瀰漫的夜色裏，我願意讓思緒赤足走過過去那片微溫的綠地或是冰封雪凍的大地上。不管我曾經錐心痛苦過，不管我曾經瘋狂的哭過，我都願意迎上去和它做最真摯的握手。

當我舉杯禦寒，我常常想起來第一次喝酒，更强烈的想起林。

林來自嘉義大林，有一張老氣橫秋的臉和最響亮的笑聲，熱情的過份也冷酷得近乎嚇人。嘉商一年級我們像風塵滿面的兩個旅人，聚在一起唱一首偶然想起的歌，在現實的土壤上滿心愉悅的合唱下去。有一天，當音符佚失，我們又匆匆的點頭離去。

那時，雙對的自殺像千萬縷長絲，猶自夜夜纒繞著我，舊創未癒，嘉商的入學日期又到了，我黯然負笈來到山城，內心充塞著千軍萬馬般的喧譁與不安，全新的獨立生活等在眼前考驗我，這一雙病脚應該如何擧足走去啊？

到了房東家，卸下行李，我便翻身倒在床上，一場夢魘又一場夢魘蹂躪著我，夢過了中午又到了黃昏，等到暮色四合，林由他父親哥哥呵護著姍姍而來，我們一見如故，兩手一握便談了起來。不曉得是否由於我倆都曾經到振興復健中心做過小兒痲痺的矯正手術，微妙的感覺使彼此的心弦頓時綳得好緊，緊得引起了共鳴。

他喜歡王尙義，他的內心世界充滿存在主義那些虛幻灰暗的名詞，什麼卡繆啦齊克果啦虛空啦存在啦……。他又是尼采叔本華的信徒，而當時我只迷戀浪漫的葉珊，我呼吸著東台灣收束不住的幽香。他常常仰起頭吁長長的氣，然後一臉專注的對我說：

「人底存在是短暫的事實，人底痛苦是永恆的眞理。」

他每天都伏在稿紙上奮筆疾書，同時稿紙也一張張被揉棄掉。有個西風微動羣星閃爍的夜裏，我們走出去坐在含笑花樹下，夜深十二點，他神采奕奕地說：

「世界是空洞的，社會是醜惡的，我這一生要寫出一部我的代表作，然後自殺。」

思想上的歧異在我們友誼的海域裏佈下了暗礁，有一天，我們託陳和蘇去幫我們買回兩瓶啤酒，喝酒的感覺是苦澀的，酒是穿腸毒藥，而我們竟然逞強各乾掉了一瓶，世界開始在我們眼中旋轉起來，話也多膽量也大了。林的感慨愈深，他心中的王尙義彷彿又從墳墓中爬了出來，我也準備用全部的膽量來招架他。

「王尙義……」

「王尙義是什麼狗屎，他只會躲在牆脚哭哭啼啼。」不等他說完，我就衝鋒過去。

他做夢也沒想到我會摧毀他的偶像，他的眼中露出驚愕的光芒，然後大吼一聲，粗壯的右手已經夾住我的脖子，他的手像鐵鉗一樣夾著我，我的臉漲得通紅，不能呼吸，他好像有意要致我於死地。我拚命扳他的手，在生死關頭終於被我扳開了。我趕緊搖搖晃晃的走出去，醉意全消，我跌跌撞撞走入寒冷的夜風中，彷彿做了一場惡夢。

從此，我們每每努力避開文學上的爭執，我感到我們不只已經擦身而過，而且在逐步走遠，他變得更沉鬱更極端。某一個星期六下午，那個一向疼著他的大哥來接他回大林，不知爲什麼他們忽然激動了起來。他大哥氣憤得一掌朝他面頰打去，兩滴英雄淚從林的眼眶緩緩爬了下來，映著黃昏的霞光，我感到一陣蝕心的酸楚，我趕緊別過頭去，心情沉悶的走進房裏。

學期結束，我們同時搬出那間房子，各奔東西，偶爾碰見也寒喧幾句。畢業後他回到大林，我仍然留在山城，我常常想起他。眞的，每次喝酒，我常常想起他。

（寫於一九七八年）

# 荒園

唉！我不知我該如何來對妳說一個故事，那是一份許久以來一直藏在我心底的驚覺和恐懼，像一朵悲悒的涼雲，每當夜黑風高，就會浮現我心中，給我最痛楚的撞擊。

那天早上，看了妳的「荒園」後，那份褪色的感覺，又像無數飄飄不已的冷風，呼呼的吹過來。我怎麼受得了這種感傷的召喚呢？

彷彿一閉上眼睛就看得見那個老嫗，她專注的走向我，專注得令我不知所措。唉！那是許多個月以前的一天中午了，陽光曖曖的照著，遠處有一群白鴿帶着嘯筒飛過一片桂竹末梢，我穿著一件恤衫匆匆的走到市場去寄信。在我們家屋後有條馬路，唉！我的家妳去過，妳應該記得那條路的。每次我去坐車去寄信或去閒逛都要經過它，不管是淫雨烈日或暴風，只要我出去就要經過它。

我已經好久沒看到那個老嫗了，在我的記憶中她總是穿著一襲黑衣服，單薄的身子像夢魅在我的心中不時地隱現著。那天中午她直直的走向我，唉！我怎麼能說出那時內心的慌亂呢？她意外的穿了件白衣，頭髮也梳得整整齊齊的。她安詳的走近我，那麼細碎的脚步聲一如我年少的嚮往和憧憬，被我深深的埋在心中，只要有一點低微的震顫，就會在我心中踽踽響起。

她走到我的面前，我已經慌亂得不知所措了，我覺得她的影子深深的罩著我，罩得我喘不過氣來了。她問了我一些話然後說：「你回來後在這兒等我一下。」

我如何承受得了這個可怖的不安呢？我走去寄了信，街上空空的，像一座死城，人們都到屋裡睡午覺去了。我在街上繞了一圈，我怎麼能認爲它只是一個夢魘呢？那個老嫗就站在我的前面，微微的和風吹拂著她的衣袂，她銀白色的頭髮，一臉的皺紋，距離我如此的近，只要我一伸手就能觸摸得到。

我心中藏著過剩的不安，許多恐怖的預感。我繞道走回去，彷彿在逃避一道不祥的符咒。以後，我感到我是多麼歉疚。日子無聲的淌下去，溽暑過去了，我經過老嫗的木屋，木板門重重的鎖著；仲冬來時，我趕夜路回家，萬點星光沈落我的眼底，只見那個曾經充滿笑聲的家園已是灰漬斑斑。庭院深深幾許，唉！我如何感受得了那份無奈呢？

老嫗的家就在那條馬路旁邊，只要打開我家後窗就能望見她家那棵柚樹。小時候每次放學回家我們每每會進去要一個，現在，樹砍了，鄰家的稻草桿一捆一捆的疊上去。原本淒涼的荒園更見淒涼了。小時候，我們曾經在那棟木屋裏面鬧過洞房，許許多多的人擠了一堆，有人說著下流的話，有人吟著不三不四的賀詞。現在，人去樓空，濡濕遙遠的黑夜，只聽到雨打屋瓦淅淅瀝瀝的聲音。

我是看見它的沒落的，看見它在黑暗裡的寂寞，它們印入我的心坎，永遠不滅的。

我看見老嫗的兒子忽然瘋了，每天一大清草就赤裸著上身，手持一把菜刀，邊跑邊喊著要殺他半身不遂的父親，他每次經過我家門口，我都嚇得跑進去躲起來。那時我還在讀小學，我是不了解科學的，我只懂得靈魂的召喚，我只承認靈魂，承認神祇。

更早以前，我們就聽了許多那庭院的傳說，因此，就是現在我夜半獨自走過，還得借遼濶的歌聲來壯膽。唉！到現在，我一直認爲那兒是蟄伏著許多鬼靈的，那口水井那叢翠竹，有許多恐怖的靈魂在吶喊在啜泣。

後來，那個半身不遂的老人死了，他瘋狂的兒子也跑了，從此就不再回來。

老人出殯後，我看見那老嫗的淒涼與茫然。有幾次我去上學，總是看見她穿著一襲黑衣，一手提著一桶豬糞，一手拿著掃帚，口中唸唸有詞，一邊用掃帚沾著豬糞四處拍打著。

有時我也看見她狂呼著他兒子的名字，往田間狂奔而去，那時正下著雨，淅淅瀝瀝的雨打在她的身上也打在我的心上。

（寫於一九七九年暑假）

# 雪封

從台南回來，心海裡萬頃綠波鼓盪著。

濶別古都已經一年了，我心理常常唸著，我隨時是一支整裝待發的箭，隨時要彎弓射回去呀！就這樣，一個長夏逝去了，綠葉在枝頭轉濃，熾熱的陽光被篩成細碎細碎的，只要輕風一起，它們就會疲乏的舞了一地。待到秋風吹來，天高雲輕，涼意起天末，我猛然驚覺，心緒無端被惑亂成濃混的顏色：好快。

其實，前年長夏，要不是你的心扉突然落了一把哀傷的鎖，我無論如何也會前往古都的。這要怪誰呢？把臂暢談的機會彷彿遠方那朵顫顫的微火，它熾旺的指引著我走向你，可是中途突然熄滅了。

前年，我在鳳凰樹的濃蔭下走出校門，茫然四顧，竟然不知去向，寂寞夜夜蜿延成一條小河，夜夜對我唱歌。你當知道，在這種心態下年少的激情最容易消瘦了，我常常追趕著暮色爬上蘭潭，讓亂髮在風中飛揚。畢了業，好怕遄飛的壯志不再如出岫的蒼鷹，好怕有一天我會變得平凡。俯身面臨潭水，激流下那張臉竟是如斯支離破碎，多麼令人心悸得忘了自己啊！往往在這時會强烈的想起你，小時候我們曾經宣誓文學是我們立誓守候的陸地，那時我們夜夜在唐宋的飛簷間穿梭，刀光劍影在稿紙上輪舞，有誰比我們激烈有誰比我們强呢？可是，長大後，你去讀高工，我黯然遁身嘉商廣告設計科，生活在炫麗的色彩裡，其實心裡的顏彩永遠是那黑白層次，因此，我常常脫軌，隻身踏在那條曲高和寡的小徑上。

我是信靠浪子可以回頭的，是劍總要歸鞘，有一天不需佛法，我也會回過頭來做個乖孩子，好好畫畫，誰知我竟越走越遠了。

去年我們在夏令營重逢，古都的陽光淋著我們，顏黛玉、黃嫊媖、黃景亮、阿葆、還有你跟我。往事如煙，在我們四周迷漫開來，一眼望去，煙靄中儘是一張張熟悉的稚臉，夜深時，它又幻化成滿空星輝，仰起頭，最大最亮的星顆不就是我們嗎？可是，退出這片霧，心裡卻荒遼得可怕，離我們最遠的是黃嫊媖，她遙遙的站在山之巔，立身水之湄，永遠那麼遙不可及。那時正逢你聯考失意，我也沉溺在感情的泥沼裡，內心一片廢墟。兒時立下的宏願都飛到那裡去了呢？黃嫊媖不是說要當畫家，你我不是要捨身文學嗎？現在只有我衣袂飄發，荒野大鏢客般孑然在那片廣漠的大地上躑躅，唉！好孤獨，好寂寞。

前年夏天你考上技術學院，我感到心情上鑼鼓喧天，熱鬧非凡，好羨慕也好嫉妒你。我們約好了，我漂泊南下爲你餞行，順便秉燭夜談。時間在展望中匆促流過，日子近得伸手就能觸摸得到，興奮的鎖吶咿咿唔唔，夜夜吹得我輾轉反側無法成眠。

就在這時，某個夜裡我在尖銳的電話鈴聲中醒來，透過短短的時空距離，你的聲音分明是一支老啞哀傷的南胡，在我耳畔斷斷續續的拉著：

「我最敬愛的大哥去逝了，我最敬愛的大哥去逝了……。」

是什麼傷痛的狂濤拍打著我的心谷呢？死亡從你我中間走來，大聲譏笑我們，生命原來是這麼脆弱。我的思緒在空中流轉，糾結成一團，眼前彷彿有一片白霏霏的雪在飄著，不久它就會覆蓋住我們的。我的喉嚨哽咽住了，不知道怎麼安慰你，乾脆一路沉默下去。不久，阿葆也打電話過來，我趕緊問她：

「妳知道怎麼死的嗎？」

「謝大哥的兒子掉到井裡去，謝大哥也跟著跳下去救他，結果兩個都走了。」

我應該趕緊跑上山仔頂失聲吶喊一番，或是要哭呢？爲那一個偉大的父親，我應該如何表達我的敬悼之忱呢？

就這樣，你擦著淚眼負笈北上，我依然在山城流浪。

今年早春我去了一趟秋茂園海濱，翻騰的浪花排山倒海對我湧來，又倉促的退下去。想到阿葆對我說，黃婊娭現在在屏東農專讀家政科，我茫然的心情在潮聲中搖來晃去。那麼聰明的人爲何會選擇走上這條路呢？莫非我們老友之間白霏霏的雪花還是無聲的落著？不過，我相信著，有一天陽光會破空而出，冰雪也會融化。

（寫於一九八〇年）

# 在幽暗的路上

機車已經點火啟動，當大家調整好方向，紛紛飛衝出去。整城的街燈和廣告看版上的七彩霓虹，整齊劃一的掠進反射鏡，在鏡子最深處壓縮變小，繽紛燦爛，宛如一張星象圖。轉進忠孝路，置身亮晃晃黃澄澄的燈海，只見兩排車燈互相擊砍過去，滔天的怒濤般往身邊橫掃而來，然後又匆匆撤退走了。整條忠孝路，燈火尾隨速度，車潮挾風塵俱下，甚至連行人都行色匆匆。

車子轉了個彎騎上牛稠溪橋，背後驀然失去滿城星光，黯然沉靜無聲。冷風在橋上呼呼嘩嘩逡巡不去，黑黝黝的水波隱隱約約地流著，抬頭天上儘是沈甸甸的雲陣，層層相擁相疊，只有天地接縫處亮著一抹青光。車輪單調的輾過橋上，寒意漸漸上升，我的心中難免浮起衆弦俱寂的悵惘。

暗夜行路，我們的方向是北北東目的地斗南，許正宗把穩油門，我緊緊扶著後座，機車倏然加快衝進夜幕。回頭看阿茂和陳榮煌，他們的身影埋在黑暗中模糊一片，只能看見菸頭的微火在臉上一明一滅的閃爍著，到了民雄，樹影加濃，夜色漸深，兩旁粗壯的芒果樹都伸出手臂在空中互相交握，濃密的枝葉把天與地，星光與燈火隔成遙遠的兩極世界，隔成時空神秘的奧義。

在幽暗的路中，望著失去盡頭的道路兩端，心情特別沉重，偶爾一列貨櫃車疾駛而過，大地忍不住搖撼起來，人的一生不也是像那陣低沉的音響，幽微虛浮，不絕如縷。到了大林鎮郊，兩旁羅列的墳墓取代了路樹，臭味斷斷續續嗆進鼻子。許正宗對我說，從民雄頭橋到斗南是全省著名的死亡之路，道路蜿蜒盤旋，每一個轉彎都是死神埋下的陷阱，生與死在此變得混淆相雜糾纏不清。

這倒令我想起半人半神的吉爾甘密希，他的好友亡故後，他哀悼了六夜六日，然後去尋找發現生命奧秘的烏特那匹許登，請教永生的方法。烏特那匹許登告訴他：「萬事萬物沒有永久存在的，生命倏忽即逝，死亡乃不可避免的歸宿。」直到吉爾甘密希要離開時，他才把生命的奧秘告訴他，原來在死流河床上有一株魔性植物，只要吃了它就能獲得永生。吉爾甘密希嚐盡辛酸悲苦，好不容易採到那株植物，在歸途中，他跳進澗中洗澡，把植物放在岸上，結果一條蛇乘機把它吃了。

生命原來註定要無常又無奈，人註定要用一生來準備死亡，誰能夠或免呢？有一夜我們去民雄訪何郡，大家圍在庭院中央飲酒，觥籌交錯中不覺談起死後的世界與親族間心靈的感應，何郡說起他太太流產前夜，他母親曾夢見有個人送嬰孩給她，她看看不好就把他丟出去了。阿茂也說起有一夜睡覺時姑婆祖來找他，責怪他好久沒有回去看她，他猛然驚醒，第二天就傳來姑婆祖病情危篤的消息，許正完說了許多山上的鬼故事，我趕緊抽身退出去站在水溝邊小便。

仰起臉，月亮已經升到木麻黃的末梢，周圍都是魚鱗片般的浮雲，驀然一聲火車的汽笛呼嘯而過，劃破寂靜，我想起人死後屍體上蠕蠕而動的蛆蟲，不禁悲從中來。

機車衝出大林鎮，四周又被濃密粗碩的樹影團團圍住，每一輛車都在追趕速度，有時會有一群飛蟲挺身攔截，亡命的往車燈撲上來，紛紛跌死在我們身上。然後車子轉了幾個大彎，石龜溪已經被我們遠遠拋在後頭了。

暗夜行路，斗南已在眼前，夜的濃度逐漸增加，天風慘慘，車燈將黑暗一層一層裁剪開來，在這條死亡的路上，我們奮勇前進。生命的輪子不斷輾過，不斷滾向前；衝出璀燦流麗的萬家燈火，繞過許許多多的險彎，我們毫不猶豫的衝刺向前。

（寫於一九八二・六月）

# 雨中書

這個季節，有雨，雨聲淅瀝，翻過老家的短籬，在我的睡夢中翻覆。好幾次，我激情的醒來，躡著脚尖走到書房，用手輕輕的拈起一本唐詩，讓自己出走到唐朝邈遠的月下村莊。這樣的雨聲我是不忍讀楚辭的，尤其在古老的燈下，那種氣氛，直叫人想落淚。

雨聲淋漓的午夜最是不堪，你當知道，當頓挫抑揚的雨聲在長空下低唱起來，我的記憶每每會煙靄迷漫，往事像無數的紙灰，在我眼前飛飄舞蹈。

記憶中最清晰的是多年前一個雨夜，我抱著四本日記和兩包書簡，坐在厨房的矮櫈上，面對著灶爐中那星點般的餘燼，一把火將它焚化了。火花穿透我的黑框鏡片，撲倒在我的瞳仁深處，時而由紅色變換成藍色，時而閃爍著綠色的異彩。那夜，雨水綿綿紗紗，滴滴答答擂打在院子裡那棚絲瓜葉上。

我是一個最不敢面對過去的人，你當知道蜿蜒曲折的昨日最是不堪回首，過去是昨日的黃花，我更喜歡掌握住現在。

朋友都說我是個感情脆弱的人，其實他們只是沒看見我橫刀向天笑的一面，你難道也不承認我是個瀟灑江湖的人嗎？爲愛爲恨都可以傲笑天涯，爲什麼我沒有生在易水寒又寒的朝代呢？爲什麼我不生在力拔山兮氣蓋世的年代呢？

雨水由綠遍天涯的平原落到漲潮的海岸，落在山腰上寺廟的飛簷間也落在多風的碼頭。若果你我都註定爲候鳥，我眞怕我們沒有聚在一起煮茶聽雨的一天了。燈深雨細，那一天才能在一起翦燭西窗，等候一個長遠長遠的夜呢？

雨夜秉燭，最怕燭淚滴盡，黑暗四合，我能看見那一張熟悉的臉顏呢？現在的世界要找尋一張清純的笑臉已經不容易了，成長的代價是換來人與人之間的隔閡，以前曾在一起淋雨聽雨的朋友，現在見了面竟然陌生得令人害怕。

這樣的季候常常令我想起賦歸田園，有一回絲雨穿梭，我騎車離家，一身薄涼的夏衣和四十公里的車速，秋天的衣衫已在義竹鄉拂動了。大清早的街道還是那些熟悉的賣早點小販，街燈仍然透著荔枝黃的光暈，漸行漸遠，種種古老而淒絕的愁緒一下心全湧上心頭，嗆得我不忍回頭呀不忍回頭。

不久，車行過八掌溪畔，我忍不住停下來，在靜靜的波浪裡尋找我過去那些逝去的投影。故鄉的感覺越來越重，重得成爲我北上無聲的負荷，鄉愁的雨霧越飄越濃，濃得瀰漫滿我眼前的去路。八掌溪的水聲樹影野地蘆花，義竹鄉的長街窄巷，天啊！我的眼眶已濡濕，我的心湖裡傳來悠悠淡淡的雨聲，我心的野地裡颳著呼呼的四級風聲呢！

瀟灑的過去，那裡曾想到家呢？現在，難道一夜之間我變得英雄氣短了。

「明朝小雨深花巷」，還記得那條花屍滿徑的小路嗎？明天我將走過去寄這封信，當它穿過重重雨幕飛到你手中時，希望又是一個艷陽天的開始。

（一九八一年五月二十五日）

# 颺

遠方的雲彩都飛揚起來，整路的大王椰子也往天邊撐過去，當我從植物園一路走下來，心裡正燦亮亮地閃爍著。想到我的信要漂洋過海，飛過半個地球送到您手中，笑意就在我的嘴角不停地牽扯著。

我常常想，人生的聚散，眞是無常呀！就像我沒想到您忽然結了婚又忽然負笈到美國求學。因爲您從來沒對我們提過，當您父親到班上補請我們吃您的喜糖，大家都愕住了，好半晌才鬧開去。

那時我們剛進嘉商，您也甫從輔大踏出來，匆匆地跑來教我們數學。南風颳進教室，翻起您披肩的鬈髮，偶爾仰頭望過去，內心經常被幽微的感動佔滿了。您教得那麼勤快認眞，但我們的成績老是破爛不堪，因爲我們學的是廣告設計，我們有輝煌的理由來對您唸我們的苦經——說來說去總少不了一句：我們經常要焚膏繼晷地作畫。

而我那時正熱烈地狂戀著文學，老是要使自己既落拓又詩意，所以，坐在課堂上，確實有許多心思要躭的。關心風雨的變幻；思念三十里外的老家；飛鳥掠空而過的拍翅聲，公車駛過學校圍牆的引擎聲，往往會將我的神思牽向虛無縹緲的境地。有一次校慶，學校僱了一群囚犯到操場拓墾跑道，我又被那一陣又一陣的腳鐐聲撞擊得心神不寧，常常要把眼光探出教室外面，找那些蒼灰色的背影，因爲收不住心，我的數學眞像一件百結鶉衣啊。

爲了畫畫，我們彷彿豁出去的陀螺，只一心一意地轉著，無暇認眞地旁顧功課。但是您並不埋怨，您欣賞我們小小的才華和一朵朵年輕的火花。當別人都漠視我們，罵我們笨時，您了解我們內蘊的聰明，否則怎麼去擘劃那麼新奇傑出的畫呢？您也讀我的文章，並被我感動著，因此，我曾暗暗發奮過，小心翼翼一遍又一遍演算不會的數學題。

我的數學是從國小四年級沉淪下去的，那時我們老師是棒球教練，面對賽不完的球，他難得完整的上完一星期的課。因此我老是搞不懂植樹的時候，什麼情況要多算一棵或少算一棵，雞兔同籠時又該怎麼處理。心裡迷迷茫茫的，看不清遠方的路，眞是徬徨失所呀。有一回他考了兩道題，全班都做錯了，劈哩拍啦的竹板毫不留情的落下來，我的自尊心受傷了。因爲我一直是個模範生，從來沒被老師處罰過。

五、六年級雖然換了老師，但我那本爛帳卻越塗越泥濘不堪。那時學校風行雷厲的進行惡性補習，升學與就業像一道傷痕被狠狠的劃出來，我只去補了一天就逃下來了，因爲我痛恨鞭子和黯淡的燈火。蹲在就業班，我們眞是被放逐的一群呀！整天無憂無慮的嘻鬧著，喜歡和女生鬥嘴巴，喜歡打架說大話，還有人去捉癩蛤蟆來拴在老師的抽屜裡，只爲擷取老師臉上剎那間錯縱複雜的表情。兩年一晃，數學在我腦中已火化成灰了。

要想重整旗鼓眞難，何況又有許多心事在我的靈犀間流動，電光石火一閃，我常常要推開一切痴心地伏在稿紙上。這些您都體諒了，對於文學，您不斷鼓舞我，對於數學，您只要我盡其所能，這是何等偉大的胸襟，這是何等引人的感動呀！

那知道升上高二，教務處把您換走了，抗議無效，我們只好委委曲曲的安靜下來。大家上起課無精打采的，無法適應新任老師的講法，我也像中了邪一樣，一節課又一節課楞過去。每次平常考，全班半數以上的人吃鴨蛋，而我三次月考加上一次期考的總分竟然不到六十分。

我們只是盼望著盼望著，虔誠的等待一個個微風和暢的假期，和您到綠野去翻滾。

自從您突然飛往美國，我們也畢了業，許多前塵舊事越退越遠，眞是不堪回首！有一次我在世界少棒比賽的實況轉播中，聽到傅達仁訪問您的聲音，我的心情驀然莫名地飛揚起來。彷彿捏著一把碎裂的紙片，站在不勝寒的高處，手一放，風忽忽的颺起，紙片也往天涯海角翻飛出去。

（寫於一九八二·五月）

# 如夢令

華燈已經點燃山城，如果這時是站在高峻的山巔俯望下來，必定是淒迷一片，宛如浩瀚喧啾的星海，使人容易迷失那是天上或人間？只是我們現在不在天上也不在山巔，我們正走在夜晚的街道上，遠望過去，兩排的水銀燈都安安靜靜的睜著大眼。

老二說，這真像個夢呀！老三不斷清淺的笑著。當我知道妳們是五十五年次的時，我的驚訝才真像從夢中醒來呢？在錯愕和恍惚中，我神經質的感到年輕的日子正一點一滴躡手躡脚溜向遠方，蜿蜿蜒蜒消逝了。

當我接到妳們第一封信，雨季已快結束，飛花點翠的雨絲偶爾出神的落著，妳們挨戶來尋我，踏破鐵鞋來投遞這封信。看完它，我心中彷彿扯緊風帆，漲滿了感動。那天晚上大家在渡也家歡迎蕭蕭，我偷偷的溜回來寫回信，老爺車壓過吳鳳南路，迎面也是一線水銀燈，曲曲折折伸展開去，雨絲就在這片燈海中偃伏著，一段路一段路出面狙擊我。

我真羡慕死了妳們，年輕是輝煌的盛世呀！雖然說有時要驚險的轉幾次彎，但我相信我們都不是怕跌跤的人。我就是這樣堅苦的奮鬥過來的，那時父親的健康急轉直下，生活的重擔只好交給母親，面對這個晦暗寂寞的家，以及一層又一層罩過來的陰影，我背上的傲骨更挺拔了。

我開始立下大志，以後一定要成爲億萬人尊崇的文學家。

後來，當我把頭從書堆裏抬起來，重新俯瞰這個世界，我常常感到悵然若有所失，即使置身狂歡的人群中，仍然快樂不起來。有一次幾年前畢業的學姊看到我的文章，抱著一盞古老的油燈來找我，她回憶起風發飛揚的年輕時代，如今，在家庭和子女的束縛下，她的心都向虛無沉沒下去了，只能努力做個平凡的女人。這時我終於發現到了我所梗梗於心的，原來是雄獅獨來獨往的寂寞。

過份纖細的心靈不斷戕壓我，不斷把我的思惟推向悲愁的瓶甕。於是，我不只要承擔自己的煩惱，還要憂心如焚的去推想天下蒼生的辛酸。尤其是在街頭看到那些爲生活奔波勞累，清癯單薄的老人，我的心常會激烈的扭絞著，因爲我年邁的母親爲了家也還在滴流她的血汗。在人生的道上，這些卑微的市井小民不斷挪動顫危危的脚步，無奈的向前走去，努力不使自己倒下來，這是何等莊嚴酸楚的一面呢？

年輕就是這樣使人愁，有時在歡樂中也會忽然抽身退出去，冷眼來看剛才那一面。前年嚴多，我們詩社幾個同仁到紅木西餐廳，商討掌握詩刋的創刋細節，當大家正激烈磋商著，透過一片裊娜低飛的煙圈，我抬頭猛然看到舞台上那個菲律賓合唱團，聲嘶力竭的唱著。他們那一身汗水淋漓的身體不斷擴大，慢慢往我眼前壓過來，唉！生活眞是艱困呀！活下去需要很大的勇氣。打烊後，我們步出大門，迎面吹來的是攝氏五度C的冷風，夜已深沉，只見行人個個縮著頸子往我們前面經過。

後來何郡載我回宿舍，車子騎到半路，我倆已經禁不起冷，忍不住引吭高聲唱起岳飛的滿江紅。怒髮沖冠凭欄處，瀟瀟雨歇，眞是風發悲壯啊！年輕的日子也彷彿隨著風沙滾滾，酸甜苦辣的迸散而出。

這種感覺不就像三年前的中秋節，我們二十幾個同學去莿桐鄉夜遊，走到一處高速公路的天橋上，我極目瞭望遠處，看一盞盞的車燈像許多美好的日子，流麗的疾馳而過。站在衆多同學之間，天風颳來，我發現我是孤獨而遺世獨立的；我發現我的日子常常要驚險的走進李清照那闋「如夢令」的境界——誰伴明窗獨坐，我共影兒兩個，燈盡欲眠時，影也把人拋躲。無那，無那，好個悽涼的我。

（寫於一九八二年）

# 四月的水田

這次我回來，綠在路旁列隊，揮手迎接我。

走在四月末尾的田埂，心中是那暖暖的春水洋溢，綠色和喜悅圍繞著我。四月的水田在每一習微風過處，靜靜對我撲來，默默對我說：睽違多年，近來可好。

水牛在遠處哞哞的唱著，水車在溝渠中展示它原始的舞姿，蛙鳴鼓噪，一切一切，親切熟悉，宛如昨日。

蹀躞在綠色中，呼吸吐納間儘是滿腔滿腹的清香，儘是生命的活力與生氣，在水一方的激情，在山之巔的曠遠濶達，此時此刻，它們都回來找我，都回來向我索取它們的名字。最喜歡選擇在交錯的阡陌中坐下來，老僧入定般，讓秧苗在心中寫它一行行的新詩。斯時，四月的水田應該是那綠滿天的十里平湖，綠波盪漾，一浪啣接一浪對我掩蓋過來。綠濤聲聲，輕輕撞扣我塵埃滿門的心扉，敲落我斑駁的記憶。

在這裡站起來，只見綿延不絕沒遮沒攔的綠色，無聲無息的充塞在天地間，俯身下來把耳朶貼著地面，生的律動在耳鼓迴響著。還有什麼比這更令人振奮和感動的呢？還有什麼地方比這更能使人感受到生命中那股沉穩偉大的力量呢？

萬物在這裡長高長胖，水田蘊育著成熟和豐滿，秋天一來，翠綠的春衫也會轉換成金黃的秋裳。成長的過程中，也許會遭遇病蟲和乾旱的屠殺，也許有幾場風暴來訪，可是，當你赤足走在四月的田埂上，當你置身在那一片蒼翠的鮮綠中，你當堅信，那麼韌勁的生命力，任何頑强的敵人都抵擋不了它。

四月的水田，若果你在遠遠的地方看它，寧靜樸素的美會撲翅向你飛來，默默地震撼你。每一次我僕僕回來找它，看它們在我眼前表演著接力賽，我往往深深的感覺到，有些學士喜歡賣弄人生，有些哲者酷愛談論生命。其實，眞正滿腹珠璣的，應該是那片默默無語靜靜躺在陽光下的水田。

（寫於一九八二・三月）

# 山河

點上一盞古老的油燈，燈焰在暗夜裏飛竄著，在米黃的玻璃燈罩裏劃出美好的神秘的弧。夜已深沉，爲何你獨不眠？爲何你趺坐在油燈巨大的陰影裏，專注得那麼出神。

坐在暗夜裏，你心情上的潮汐漲落著，洶湧澎湃的浪頭重重的撞擊你。你的神思縹縹緲緲，隨著喜多郎的音樂攀越過千山萬水，冥冥中彷彿西出陽關，隻身踏在大風起兮雲飛揚的塞外。

一開始你就錯了，你不該打開「絲路之旅」，不該隔著遙遠的時空去看望故國山河，不該讓一陣陣蝕骨的大漠風沙吹進你眼中，不該讓那羣身穿列寧裝的人民蹲據在腦海裏。這些多麼像一個夢魘，原來，那都是你最沉痛的愛，都是你最情深的袍澤。

你的腦海彷彿寬大的電影銀幕，從書籍裏索取來的山河印象在布幕上輪轉著。你不斷想起漢唐的輝煌盛世，萬邦來朝，人潮攢動的長安閭巷；繁榮一時的絲路，叮噹的駝鈴在廣瀚的沙漠裏艱辛快樂的遙相應和。如今，繁華全部化成廢墟，昔時巍峨富麗的宮殿全部風化成斷垣殘壘；狂風沙埋葬了極盛一時的鎮落，只剩下古紬的敦煌石壁冷冷沉默的站立一旁。

偶爾你會想起劉禹錫的「舊時王謝堂前燕，飛入尋常百姓家。」唉！眞是滄海桑田呀！天山上皚皚白雪依舊；祈連山上綿亙的草原仍然傲然的綠著，萬里長城還是凝聚著鋼鐵般的意志；

千巒疊嶂的青康藏高原，大漠孤煙直的塔里木盆地……。這些美麗又哀愁的景色，爲什麼只能成爲你睡夢中魂縈夢牽的故國？

你沉醉在畫片裏，喜多郎的電子合成樂器正奏出廣濶寂寞的「黑水城幻想」：狂風怒號，鐘樓，駝鈴，白楊樹，淌水……。彷彿千萬縷長絲毫不留情絞綹著你的心靈。你喜歡看那些回紇民族，他們的臉上雕鑿了多少風霜，看那些簡陋的住家，熱鬧的市集，在酷熱的邊疆他們仍然甜甜的笑著，生活的艱苦仍掩蓋不過那抹眞純的笑痕。一切一切，在在都表示出帝力與我何有哉？樂天知命的中華民族天性。有時你也會想起貞烈的香妃，在畫片裏，她的墓園不正散發著青綠色的微光嗎？

你心裏好恨，那麼壯麗的山河，你爲何無法回去呢？那些身著列寧裝的人民，爲何和你那麼相近又那麼遙不可及？

故國神遊，多情應笑我。當你闔上書，當喜多郎的音樂停止，曲終人未散，你仍然跌坐在暈黃的油燈光影裏，你感到你心中有一支石破天驚的曲子慢慢蘊釀著，你胸中有一把火苗緊緊的壓抑著。

（寫於一九八二年）

# 輯二・潮聲・潮聲

# 港霧中的桅燈

對於生命，你了解多少？

漁港的霧漸漸濃了，我再度回到那一片沙灘時，只見許多帆船的桅燈在遠處閃爍著。我走得很慢，今夜風好大好大，我緊緊拉著衣領，有一隻海鷗在相思林中盤旋了幾下又飛走了。我感到有點冷了，我眞想不透爲什麼一個人又獨自來走長長的沙灘，想把足印留給過去或未來？然而漲潮時什麼都不留下了，什麼都失去了它的意義，只有寂寞留著。

我佇立在風中點數點點歸航的漁船，不經心地唸著妳的名字。

可是，妳的名字已寫在水上，隨著緲緲的波紋淡去了。在雲深不知處，童年的白紙船依然響著欸乃的櫓聲，一聲遞一聲召喚我思古的幽情，翩然翩翩然離去。這代表的是什麼哪！代表的是什麼哪！然而我老是將那淡淡的帆影想望成塋塵中招展的白幡，而我又如何能禁得住任何一絲輓歌呢？脆弱如我，脆弱亦如妳，我的手終究是握不住幾掌節辰的酒香啊！

在這一百天中，我任自己的靈魂在暗夜中游散啜泣。荒遼的空虛圍繞著我，遙想前方，風塵僕僕，歲月轆轆，我困倦的神思如何能追得回妳憂鬱的回顧呢？我倦了，疲憊在每一秒鐘襲擊著我。雙對！雙對！我只能捧著妳的名字輕輕地唸著。

輕輕地，有些聯想會使人惆悵，使人寂寞。小時候第一次去墓地，小腳步踩著多麼莊嚴凝重的跫音，怕破壞那些長眠者的安寧似的。那時才了解眞正的靜是泛著淒涼的，其實淒涼也罷，寂寞也罷，這都是一種美感。我低低地讀著一塊塊墓碑，在妳的生命中也曾從這一枚塚墓跳過另一枚塚墓，累了就枕著墓碑甜甜的入夢嗎？妳怕鬼魅嗎？我就不怕，媽媽說祖母會在冥冥中保護孫子的。

長大後，有一天晚上我從廟會歸來，我從冬青樹和棕櫚葉縫間數著星子。風鈴搖著，街燈昏朦著，星點般的愁緒襲來，我的眼睫閃爍著激動的淚水。我快步的跑回家重重的掩上柴扉，把頭埋在稿紙上。我寫著：「小時候我就不喜歡那裡，總覺得它太過淒涼；墓前的小溪流嗚嗚咽咽的哭聲，令人惆悵得立刻想死去。」我寫我的童年，寫我的老祖母，寫那些墓地裡的小白花。對了，我就叫它《墓地裡的小白花》，然後裝上北行的郵筒寄給妳。

也許我眞的不喜歡那裡，那時自己是多麼豁達，多麼豪邁。憂愁你來吧！擋不住大不了拿著一串錢到荒村野店買醉。然而，到如今我才眞正懂得酒不能解千愁，才眞正嚐到分離的痛苦；我的靈犀再也負荷不下撲面而來的淒厲勁風，再也負荷不下遼敻的曠野迷霧。

以前我一直想告訴妳，我是一個心中淌血的人，現在不只淌血而且還流淚。嘿！妳還會伸手掩著小嘴撲嗤一聲笑我多愁善感嗎？有時候，我頂著一個不成熟的秋晚落日，手中捧著一本葉珊的詩輯，走過一叢又一叢的木麻黃。多少個足音響過天主堂最瘦最弱的晚雲，我走得多麼匆遽呀！我又來到了曾經和妳並肩共數落日、守望星星的地方，以前我們就同坐在那一級石階上淋過雨，雨水的沁涼透過彼此的心脈，妳微微地笑著，雙手攤開葉珊的「晚歌」輕輕的讀著。等妳讀到「釘子和木板的聲音曾經是愛／也是葬禮的序曲／（你埋葬在蒼苔默默的星光下）起伏的潮水／湧向我等待的渡頭」時，我忽然打斷妳的聲音，一本正經的問妳：「如果有一天我死了，妳也願意爲我寫祭文嗎？」妳心悸得重重的合上書，嘴角閃著無奈的笑容，妳沒有回答。

然後妳站起身來說：「我必須走了。」是的，妳必須走了，妳必須回到那一個人人都戴著粗獷的斗笠，嘴裡都哼著古老的短調，既保守又詩意的村子。妳說它就叫「柴林」。「柴林」我重覆的說了一遍，妳把「嗯」的尾音拉得好長好長，然後對我說：「回去吧！我不是一個慣於說再見的女孩子。」我看了看候車室的燈光，走了。

如今我又坐在那一級石階，可是我寧願它是長草圍繞的祭壇而不是秋意蕭瑟的石階。我讀著相同的晚歌，只是我已將「你」改成了「妳」。

當然，妳也曾越過成長的苦楚，妳也曾在港灣作過和我相同意境的夢。在潮濕遙遠而黑暗的天籟裡，妳也曾望著窗檽外的秋雨出神，妳也曾托著腮喟然嘆道：「花自飄零水自流，一種相思，兩處閒愁。此情無計可消除，才下眉頭，却上心頭。」一曲渭城曲都能把妳惹得淚眼汪汪。原來，我們都了解「綠螘新醅酒」的悠然，禁不住「長亭更短亭」的淒苦。

我已無法讓自己靜下心來俯視自己了，我已無法從那一片綠葉拂動的扶桑花叢中窺探出一個身著白衣黑裙的少女，踏著慵懶細碎的步伐，走入我生命的領域。一百天，一百個朝陽和暮色，日子像斷了線的紙鳶越飛越高，越飛越遠。有時佇足斜風細雨中難免令人想起存在哲學家所說的「人底存在是一個短暫的事實，人底痛苦卻是一件永恆的眞理。」呵！我不免要問問處在另一個國度的妳，對於生命，妳了解多少呢？

我是不了解生命的，我時常忘記了生命的瑰麗和眞義。星光有何意義呢？我相信妳不知道，我也是不知道，但我和妳一樣著著實實的熱戀著它。小時候最喜歡躺在母親懷裡數星星，有時候不小心手指到月亮，母親就會把我放到地上，要我拜拜月娘娘。她每次都咕咕嚕嚕的說著：「月娘娘呀！請妳不要來割阿珍的耳朵。」我聽得笑出來了，她生氣的打我兩下屁股。月亮是不會割掉懶孩子的耳朵的，星星也不會越數越多，但我就是喜愛那一份童年的愚騃，那段最純眞的生命。

有時候知識也會使人痛苦，我就常常在這種無形的咬齧之下回溯到童年的無知。有時在澎湃的驚濤下看潮起潮落，心中覺得好感動好感動，畢竟自己是太渺小了。那時妳應該幽怨的從相思林中走了來，妳應當用一種無聲的美浸蝕我的靈魂。我感到那噯噯的雲朵多麼像妳衣抹飄動的輕盈，那種朦朧的輕適應該是夢的化身哪！

然而這些都已成過去，妳已將一生奉獻給年少的激情。在另一個海岸，妳安詳的睡著，也許會有憑弔的人走來，楓葉紛紛蒂落，曉霧的迷惘遠遠的包圍著他。「雙對！雙對！」他的呼聲透過陰森的墓園，消逝在苔痕斑斑的石板路。他瘋狂的撥開青瘦的長草，雙手雙脚沾滿了泥漬，淚水從他的臉上滾下來。「雙對！雙對！」他喃喃的召喚著。「雙對！雙對！」他的聲音沙啞了。

等到霧散時，他終於發現一片冷冷的陽光照在苦楝的末梢，也照在一個新墳上。

妳不怪誰，也不怨誰，失去的也許就是獲得，割捨的痛苦終將過去。成長了，茁壯了。當我倚靠在港邊的纜索上注視著碧澄澄的海水，當我走在泥濘坎坷的牛車道上默數孤立田埂的新墳，我已感受到喃喃拍打的，已不是杜鵑深沉的啼喚不如歸。妳能夠歸去那裡呢？妳玫瑰色的憧憬破滅了，妳能夠歸去那裡呢？當月起月落，望完彌撒歸來，一個站在枯桐殘籬間的痴情少年該如何掩面爲妳哭泣呢？

假如時光回流，其實，誰都希望時光能夠回流。妳當記得我爲妳爲《夜憶》的日子，那時無邪的心靈只知道以理想的尺寸來度量現世社會的萬事萬物。四月的綠城，牛稠溪畔的水塔聳立在花海的浩瀚中，幾聲雛燕的哀鳴訴說著春將歸去。「春將歸去了喔！」妳走到窗口無奈的說。女孩！妳憂愁嗎？妳寂寞嗎？我們去走發光的碎石子路可好？我們去湖畔採擷野百合的芳艷可好？妳喜歡吃酸酢漿嗎？那就讓我們到八掌溪畔的樹薯田吧！「美麗的人生！哦！美麗的嘉南平原！美麗的世界！」讓妳合十跪下讚美全能的主吧！

那是妳生命的初汛，多愁善感的年齡喜歡在靜靜的夜裡躺在韓國草上讀唐宋五代的詞選。如果有人推開窗，驀然瞥見昏黃月光下的一抹水藍藍的愁影，他如何能不心悸得忘了自己呢？那時妳手中捧著的應該是一本李後主，有時候是一本李清照。妳喜歡李後主「無言獨上西樓，月如鈎。寂寞梧桐深院鎖清秋，剪不斷，理還亂，是離愁，別是一般滋味在心頭。」的無奈低切。妳更喜歡李清照「尋尋覓覓，冷冷清清，淒淒慘慘戚戚」纏綿悱惻的詞句。那時妳可曾想到遠在南台灣載酒行吟狂歌笑孔丘的少年，在跳動的燈下剪貼心情予妳呢？

現在，讓我來假設妳依然慵懶的扒在無人的女墻上痴痴的望著裊裊的炊煙。此時，必有一片濤聲拍著妳的靈魂。去吧！雙對！去吧！去把妳哀怨的眼神染成藍藍的豪邁。那是屬於妳的水湄，也是屬於我的，我倆共同擁有它，擁有我們的小故事，還有一座雕著許多美麗紋彩的小樓，以及一彎唐宋的殘月。去吧！去吧！女孩，妳的守望不會落空，浪跡天涯的刀客將會踩著滿地黃花踽踽歸來。去吧！去吧！

然而，妳可知道俠客的劍何時歸鞘呢？我如何能忍受得了金劍沉埋壯氣蒿萊的寂寞與空虛呢？我寄託在白雲故鄉關山棧道的豪情何時木然呢？

雙對，有時候我們必須信靠命運，既然我們已涉足幻想的畛域，那就讓我們盡情爲明日許下禱語吧！不要計較愁予所說的「沙灘太長，本不該走出足印的。」妳所應注意的是風起的時候有多少人失眠；落雨的日子有多少人沒打傘走過妳窗前濕淋淋的長甬道。命運多麼不容反抗，妳只爲了保護一顆完整的心竟讓生命向虛無沉沒。說呀！這是爲什麼？

爲什麼？我心中好納悶，我豈是這樣一個愛嗟嘆的人。當風塵在肅穆詩靈的臉上刻下許多深溝，當寂寞重重包圍著我，請讓我唱著歌走出這一片怨毒的蒺藜地，請讓我攀越心中的城垛，讓余光中的《民歌手》在四野迴盪。

這麼渾圓低沉的鼻音應該可以趕走心中那一片蒼茫的憂鬱的。飛吧！讓我們一齊飛吧！雙對，讓我們提昇自我，超越自我，越過成長的苦楚，越過人生無謂的符號和象徵，飛吧！讓我們一齊飛吧！

妳如何能再沉酣於白楊樹下一方小小的寧靜，難道永恆留下的眞的像陳之藩所說的「只有風聲雨聲和無邊的寂寞」。女孩，不要走，不要對我揚手。山城的十一月，民權路的斜風細雨，夜好黑好重。我還是那一個在妳心中的小小世界遊唱的詩人嗎？我還只是一葦蓄意在妳心海裡沉溺的蘆葦船嗎？我還只想嘗試去捕捉奧非麗亞式的瘋狂嗎？不！都不是，我只想找到渲洩愁緒的路。十九世紀古典的幽香伴著野渡的水響，這就是妳最最輕盈的跫音。妳要走去那裡呢！展開在妳眼前的是一條洪荒的山路，回來，雙對！難道妳不怕蠻人的彎刀毒箭。回來，雙對！難道妳不怕番民祭神的鼙鼓聲和女巫怨毒的咒語。前面太黑了，雙對！回來。回來。山路太滑了，回來呀！

妳走得太快了，一點聲音都沒留下。以前我錯了，我不該因一己的痛苦來影響妳的決斷。現在我更錯了，搖筆爲文的歲月，已令我漸漸感到勢單力薄、形單影隻。

我的行囊好沉甸，還會有一個詩樣女孩贈我滿筐的祝詞壯我行色？不！我不要祝詞，我只要一顆南國紅豆。

妳曾說妳不喜歡飄泊的浪子，妳眞的認爲那沒有安全感嗎？世界對於我們太熟悉了，世界本身就是一個悲劇，但我不願妳去當一株感恩的絳珠草。妳難道不覺得曹雪芹對林黛玉太殘酷了嗎？每次我打開紅樓夢第九十七回我就感到心情悶得發慌。如果是在綠城，我一定到煙竹迷漫的土堤呆坐一個下午。妳會到那裡去呢？還是跳上黃色的公車到彌陀寺聽梵唱聽暮鼓晨鐘？記得妳曾經告訴我，妳長大了要皈依佛門，我聽了高聲笑了笑，我說我不喜歡撞鐘的小尼姑，我寧願妳是身著縞衣輕紗的修女。我喜歡古羅馬的神奇，我喜歡梵諦岡的莊嚴。

每次回歸綠城，經過教堂，我都要站在那扇小巧的窗門下。許多歌聲許多經文從那扇小巧的窗門紛紛流瀉出來，我感到這世界太富詩意了，但我又感到無端的落寞。低迷的夕照下少了一個愛撥弄裙褶的妳眼睛好寂寞呀！眞的好寂寞呀！

而且，現在我好害怕看到任何能使我憶及妳的東西，我害怕看到嘉義客運北站候車室內的燈火；害怕看見嘉商進思樓椰子樹下的蔭影！害怕看見民權路郭歐巴桑的家；更害怕看見來自柴林的信簡。

那一次從綠城回來，我從皮箱底下取出妳全部的信簡，還有妳那張一直貼在我日記扉頁的相片，請一位天眞可愛不懂憂愁也不懂寂寞的小女孩爲我燒了它。她無奈的望了我抱著它穿過廚房，良久，我才走出玄關，含笑花的清香淡淡的襲來。我躡著足尖走到她的背後，她那白衣黑裙的身影使我感到自己眞的老了。她面前的火焰已經逐漸黯淡了，當她投下最後一封信，她突然撿起地上的相片轉過頭來幽幽的看著我。

「留下它呢？」

「還是燒了呢？」

她的眼神閃爍著多少期待，妳也曾擁有過如斯的期待，只是現在已枉然。她是不容傷害的，她的年紀太小了，她心中不應也染上那種多愁善感的陰影。

最後，我把那張相片送給她當做永恆的紀念，也許當我死的那一天我也會告訴她一個關於妳的故事。

雙對！讓妳我初遇的往事像風化的化石從時間的洪流裡悄悄的散去吧！我相信千百年之後那個小女孩依然會記得妳，我更相信妳的生命呀！就像港霧中的一盞桅燈，隨風滅去。

（寫於一九七七年）

# 揮別

我不知道我是怎麼回家的，妳走了，五點四十分往北的班車。我沒有哭沒有揮手沒有說再見，我的腦子空蕩蕩；除了惦記着妳，我還惦記着今夜應該有一顆黃昏星自妳髮梢升起。但天色是如斯灰暗，沉默得有點怕人。我猛猛趕着路的荒涼，拐過天主堂，雨便紛紛落下來。

我徘徊在蒼涼的街道，數著一盞燈、兩盞燈、三盞……。「這是綠城，不是妳的家鄉。」但為什麼綠城不該是妳的家鄉呢？我很納悶很納悶。我想，我沒有折根柳條兒送妳很不對，但妳還不是走了。

一切都發生得這麼突然，妳可知道我迎迓妳時的眼眸是閃爍著什麼異彩？「該給我封信的！」妳笑笑，彷彿是一個純眞的春神挽著裙裾，輕移蓮步，曼妙進我肅殺的心園。於是楝子花、風信子、勿忘我、玫瑰、茉莉……都蘇醒了，都開放了。

「妳為我帶來了陽光也帶來了寂寞。」我告訴妳。

這裏是南方，吹著鹹鹹海風的。若不是落雨，我實在該帶妳去布袋，去看深藍如土耳其玉的海灣，那裏也許有埋藏在沙灘上的乳白色的童年夢。我們可以坐在相思樹下數落水手額上的風沙；對了，我們還可以去租條船出航，我們不捕魚，我們去尋夢覓詩。

「也編個紫貝殼的願望。」妳微笑著說。我想，我們也該有一把描紫羅蘭的陽傘。

但這不是布袋，這只是吹鹹鹹海風的綠城。

但我心裏恆充塞著白花花的潮汐和妳以及中古世紀的渡船。

我又想南方應該有一片夐遼的草原，而且現在也應該屬於三月。三月是不落雨的，有碎碎陽光的日子很美，杜鵑花開了。蝴蝶飄來飄去。妳可以騎著烏溜溜的馬唱一支蒙古牧歌：策馬長城外，塞上好風光，草兒長，馬兒壯，年輕兒女牧牛羊……。我要站在風屋讀夕照爲妳描繪側影。夜幕落下時我們就點亮一盞燈，乘著涼颼颼的海風去撈隕落水井的流星。那口水井是足夠溶解一季恬靜的，井湄有著很長很長的葛藤，可以拂拭鄉愁離愁；但它恆揮不斷妳底歸時路，因爲妳終究要走的。

「請妳多說些話好嗎？」妳的聲音眞甜，眸子也亮得很神。在妳的臉上我看出北投桂花飄落的神韻和聆聽了台北渺茫飄逝底簫聲的淒迷。台北是個很繁華的大都會，但它空虛得有如一幢傳說中的鬼屋（我常常想起林投姐的故事）。我愛南方因爲我從古意盎然的蘆葦叢中走出來的，我仍要回去。「那時我只有十四歲，那時我不可能想念妳。」歲月倥傯飛逝渺無踪跡可尋，第二年我便捆着沉重的行篋回歸綠城。南方的陽光仍然斜斜照在我身上。

我想，會有一顆天狼星伴妳歸去。但我呢？我將用什麼勇氣走過湮漠漠的相思，我將用什麼拂逆我的離愁呢？

（寫於一九七七·六月）

# 潮聲・潮聲

如果妳也曾擁有一個小小的悸動，妳就體會出我此時的心境。

妳能告訴我嗎？把整個付出以後，我的手上除了空虛和無涯的寂寞，還能留住什麼呢？妳當知道，什麼都不能留下的，除了妳，除了我，除了那些日起日落的旗語以及響了一個世紀又一個世紀仍在淙淙低語的潮聲。

昨天是一個飄著細細雨絲的日子，春深得令我不敢以幽邃的眸神去接觸它。我害怕看見滿徑的櫻花瓣被人的脚步無情的踐踏著，害怕一切。日子已經無言的淌下去了，從落雨的平原到漲潮的海岸，日子從妳我的指縫中妳我的眉宇間流淌下去。如果一切都發生得這麼默然，這麼不惹眼，這麼不神奇，妳也不應該惦著什麼。讓一切都像過去，莎士比亞不是說「已經過去的只是一個序幕嗎？」幕落時有人拍拍衣衫上的塵土，有人撫撫心靈上的創痕離去，哭泣是不必要的。

春深的時候我站在落雨的椰樹下，愣愣的注視著遠方，那雲深不知處。妳從背後走來，妳說：

「你在看什麼？那麼出神，那麼專注。」

我落寞的搖了搖頭，妳走的時候，我感到內心在顫動著，我很想圈著手高聲對妳說：「我在看我的過去，我在看我不識愁滋味的過去。」妳是不會知道的，我不僅在看我的過去，而且，我試著在細細的絲雨中傾聽西海岸澎湃的潮聲有節律的拍擊著沙渚的胸膛。

妳應該承認，我是一個擁有許多過去的人，但是，過去多麼像一隻在朔風中尋找擺渡的紙鳶，如今風箏去了，只留下一線斷了的錯誤。我喜歡趺坐在暗壁中診視我走過的足印，那時也彷彿我還在羣山環繞的北投，傻愣愣的在夜闌人靜時躺在一二〇病床上編織鄉愁。窗外，小徑上小而美的路燈；火車的輪影在夜空中不停的舞動著，那時，我想著念著的是懸掛在記憶中深藍色的海韻。那陣子常哭，常在夜裏把一封家書抱得緊緊的。

如今，大脚印壓下了無數的小脚印，流浪的風向轉變了，但心情是不變的。摘星的少年把長長的手臂伸向藍藍的水湄，他喜歡在涼風起天未明的域外汲取洪荒的迷信和古老得不能再古老的神話。

過去那麼就當它是吊在窗櫺上叮噹作響的風鈴吧！我已經不想再對妳說淒涼的故事了。但是我必須告訴妳，在課堂上，當我把頭埋在臂彎裏寫作《鄉愁》時的心境。那心境是被許多潮聲充塞得鼓鼓的，彷彿小時候，當我扯著母親的衣襟蹲下瘦小的身子，低頭放下一葉連夜摺成的白紙船，遠遠的目送它隨著舷側漸遠去的水紋隱沒在地平線那端時，振奮著聲音在母親的耳畔喊著：「我長大了要當水手，我要行船，要出海。」

海的藍圖在我心中鏤刻成形了，它在我面前不斷的高昇。我看見低飛的海鳥在礁石上盤旋著，看見一艘艘遠航的船，也許會有霧，於是就有人站在舵邊，那應該是一個水手了。他不停的用力吹著海螺，吹呀！吹呀！我發現他腰間的水手刀已經銹蝕了。更重要的是我聽到駭浪拍擊防波提的聲籟。

我想，每一艘船都需要一個港的，港是船的母親，而海只是船的陸地。每一艘船最後終要投入母親的懷抱的，水手把鄉愁留給海，海又把鄉愁流給誰呢？它只能把眼淚留給雲去流罷了。

那麼何不回航呢？

摘下你艙壁上的航海圖吧！
船長，你該回航了，
不要讓老人星的瑩光氾濫，
不要讓起碇的錨響，
在你錯落的髮叢裏蘊釀成思鄉的風暴……

我寫得很苦澀，寫得很黯然，後來我回憶起以前如何和一個想去當水手的好友說：「待你當了船長時，別忘了在暮靄沉沉中有一個水手在岸灘上等待你的船。」如果我的鄉愁也像水手，我只有借酒來抵擋倏忽的情緒了。

以詩來表現我的感情，純郁的心情便流滿整張稿紙了。也許妳並不自覺，我常在午夜夢迴時拭乾眼角的淚痕，在煢然的燈影下，把妳的名字輕輕的念著。妳是我第一個女學生，但是，我是不慣來當老師的。

我是極不願來當妳的老師的，「老師」這個名詞太神聖了，豈是我負荷得下的。妳爲何要將我倆的關係劃分界線呢？難道妳不怕這條界線在妳我心中烙下鴻溝？我感到我倆的距離逐漸的拉遠，難道妳不曾覺得？也許妳眞的不曾覺得，妳已幻化成一片草長的牧場，遠遠的擱置在綠意盎然的山腰。山腰下會有港嗎？不！不可能的。以後不管我們是否在風中張望彼此，我都不會忘記，我一度擁有但又失去的東西。

我負荷太多了難道不會蒼老嗎？當我年老的時候，我要將自己幻化成疏落的潮聲，日夜在妳沉思過的破敗的記憶裏呢喃著。那時我的嗓音已經瘖啞了，盛唐的光彩已經閃不進我的靈犀，我的心隱隱作痛，遺忘了愛憎。

早期的迷戀已經蕩然了，這是誰的安排呢？我已經不是探首摘梧葉的書生了。過去妳亮麗的眸子蘊藏著海洋的藍色，現在未來都會如此，但我不斷悸動著。有一天這片熟稔的水域是否會對我陌生起來呢？有一天妳是否會成爲窗外殘缺的星移呢？生命的存在原本是苦澀又短促的，失去與獲得之間誰又詮釋得出任何意義呢？我絕不是那種把薩克斯風吹得令人心慌的男孩子；流浪對我來說只是一種年輕的過渡。

但對於妳，關愛已經變形成責任了，我身上那些沉默的葉子在潮濕遙遠的夜裏掉光了。寂寞與孤獨都上了刺刀，在迷茫的暮色中對我衝刺過來，我內心感到有一種寒冷在上升，那麼輕盈，那麼淡漠，好像窗外每一顆星每一片月色都在嘆息，都在悲悼。

其實嘆息和悲悼都是不必要的，我走過十里平湖綠滿天，玉簪暗暗惜華年。我把胸臆中的心血淌向憂鬱的瓶甕裏，不是都獨自一個人嗎？美的事物絕不是永恆的歡愉，那只是一片微雲，在枯木荒山裏扮演著悲劇的角色，然後深深撞擊我們的心坎。

有一天我會離開山城的，我要去尋找我那片失去的海湄，我要坐在高高的巖岸上，嘴裏啣着一根長長的蘆葦桿。也許我會帶一葉芭蕉，上面寫滿記憶。記憶的不是北投假山上滿天飄飛的雲絮和階下啜泣的流蘇；不是山城感人的人情和悠悠的夜霧；不是秋深時哭着喊雲兒等等牠的雁子和橋墩下緩緩的水流。記憶的也不是墳墓上的沉思默想和失眠而疲憊衰老的性靈；不是趕路的豪情和樹蔭下的水流星影；而是一個輕盈的影子，以及那種倏忽得令人把握不住的跫音。

我的故事已經說完了，我忽然出奇的想起一首甜美的歌，我很想唱它，但我的喉嚨已經哽咽住了。爲什麼一定要唱歌呢？就讓我吟一首十四行詩吧！我吟詩，聲音穿透雲層，彷彿妳也將聽到。我如此確信着。

風是不馴的，如果已經過去的只像一陣漲落的潮聲，它將會用它美麗的節拍來裝飾妳的未來。有一天我也會隨風飄去，悄悄的來也悄悄的去。

現在想妳已靜靜入睡了，我想妳睡時是沉靜美麗的，就像妳的名字一樣，永遠那麼具有詩意。不久以後，當我要離開時，我會去看妳，那時妳應該靜靜的睡着了，我會站在窗外深深的注視妳可愛的臉龐，然後低頭默念妳的名字，匆遽的離去。當妳醒來的時候，妳當知道，我已來過了，我希望妳會說：「他來過了，又走了。他只是一個教我寫詩的老師，以後，也許我會記得他，也許會忘記。」

# 後記

我很想再說什麼？比如說，我把老師的地位視爲神聖無比，老師超越了一切。任何感情如果與老師對學生的感情相抵觸，那我們毫無考慮的要捨去前者，而取後者（親情例外）。同時我認爲老師是奉獻的，對於學生，他必須把心中最後一根絲也吐出來。當有人也叫我老師時，我惶恐得不得了，這個擔子太沉重了，不是我負荷得下的。不過，有一次，我那位女學生犯了一件不可原諒的過失（她漠視我這個老師的地位），致使我傷心欲絕。我很想大聲對她說，沒有任何東西能取代老師的地位，後來，爲了這件事，我眞的和她吵了一次最兇的架。

同時我還要說明一點，許多過於親密的友情，明明純粹得一點雜質都沒有，但卻容易被人誤解，尤其是異性之間。這種關係發生的時候，局外人是很難了解的，只有當事人心裏明白，他們比任何人正常。不久以前我看過一部世界名片，叫「愛」與「死」，受到很深的感動。雖然男女主角在臨死前結了婚，成了心靈上的戀人，但事實上維繫他們之間的是純郁的友情。這世界上有一種人你是無法了解他的心境的，那就是詩人。詩人的感情永遠是超越時代的，但卻最容易被人誤解，但有些人無心的誤解卻蘊藏了無限的關心。比如說：父母、老師、教官。

最後我要說的是，《潮聲·潮聲》的誕生是我這些年來心情上的一個總結。以前我活得太自負太理想化了，把現實理想化那是可怕的，不務實際。理想必須播種在現實的泥土中才能抽芽、成長、開花、結果。《潮聲·潮聲》以前最令我痛心的是好友郭雙對因聯考不理想，心靈上受了種種壓力而以死來尋求解脫。對於這件事我們這些和她交往甚密的朋友都感到良心受到譴責，我們都把責任推到自己身上。爲什麼我們無法來阻止悲劇的發生呢？但這畢竟已成過去了。

過去了，一切都過去了。過去應該像潮聲，每次漲落便成日子裏一個可愛的節拍，未來我已找到了流浪的方向。我說過，我害怕當老師的，因爲老師和學生之間多少有點距離。有一天我會收拾沉重的包袱，悄悄的逃離開我那個調皮又可愛的「女學生」身邊，因爲我負荷不下那麼重的擔子。但我會永遠記得她。不過，在我未逃亡以前我會做個好老師，把我在文學國度理汲取到的一切告訴她。以前我的一位阿姨曾對我說：「當我死的時候，我會把你的名字放進我的口袋裏珍藏著。」以後當我離開後我也會說：

「自山之巓，海之湄，我想妳，風兒都知道。」

（寫於一九七八年）

# 迢遙路

## 寫給自己

中午，阿惠撥開叢叢綠葉走到你前面看了看你說：「老哥，你瘦了。」從此你就把那面鏡子深深的埋葬了，其實鏡子早在湯大哥當兵前和他比賽腕力時就壓碎了，但你一直捨不得丟。你說你要用它來照你走過的路，你要從裡面望見過去層層苦澀。你走過，用許多辛酸去穿越風雨，當時年少，愛上層樓，妄想豪情也像長江黃河那麼澎湃，整夜唱大風起。如今鏡子碎了，你把那些片片用力擲向白雲深處，你害怕看見你的兩頰漸漸陷落，你要把它擲向更遠更遠的天外天，最好擲向遺忘。

但是，偏偏生命中有些事情是遺忘不了的。就是不懂，爲什麼你要在眉宇上打了一個又一個死結，這些東西多麼令人難受，你應該可以快活起來的，你應該可以呼嘯著穿越荒野的。你年輕、年輕是一支歌，雖然它的調子有時高昂有時沉悒，但有歌聲的歲月總是令人懷念的。你不應該老是譜著落花飄零的閒愁，阿惠不是常告訴你嗎？你的短調沙啞得令人發慌。

有時實在很討厭你這麼軟弱，小時候的你多麼壯志凌雲……呵呵！以後長大了要當什麼家什麼家，而且還發憤圖強過，每次總是對自己說：老師說的，要做向陽的向日葵，努力挺直脊樑，永遠朝向希望朝向金黃的陽光。你也曾合十發過誓，今生今世絕不做攀牆的女蘿，你要發光發熱，有一天老死也要上昇爲星星，爲旅人指引方向。但是現在你竟脆弱得不堪一擊。

眞的是人的一生常在錯誤的追悔中嗎？最怕在衣帶漸寬時獨上高樓望斷天涯路，最怕驀然回首時發現那些錯誤走出的足印。你也常高聲吶喊著不如歸去，不願做一個落魄江湖載酒行的刀客，不做一隻飄泊的不歸鳥，但你就是少了一份坦蕩蕩的胸懷。

而且，最近你又怕起雨來了，自在飛花輕似夢，無邊絲雨細如愁。以前有雨蓋長相護，縱是風雨飄搖，仍感到溫暖。現在，持傘的人離去了，你只好捨身爲舟。負載萬千愁緒。但有些東西是負載不下的，它沉重得能夠讓你沉沒，何況你只能幻化成小小的蘆葦船，你無法從這個水湄渡向另一個水湄，你只能在黃昏的逆流裡打轉。

你也知道，有些人一生下來就是註定扮演悲劇的角色，你也是，你一直就是一隻刺鳥，一生只爲了追尋一支甜美清悅得無與倫比的歌。於是，你四處尋找有刺的樹，等到找到後，你奮力衝去，開始放歌，直到歌聲瘖啞生命流盡。

每一個不眠夜，你總是把窗子打開，把寂寞挑得高高的，舉目遙望，但有誰來朗朗閱讀你懷念的眼神呢？生命中有些東西你以爲你把握住了什麼，其實你正漸漸的失去它們，它們從你的指縫間悄悄的流逝，化成風，化成虹。它們就像許多浪花，那時你應該是水中石，輕輕的撞擊你，悄悄的使你受創。那你又能怎樣呢？回到時間的廢墟裡去憑吊過去曾經閃亮過現在沉寂了的往事，回去仰天長嘯大江東去，浪淘盡，千古風流人物吧！

開始是現實的激流把你沖激得搖搖欲墜，以後你又是一隻在天空飄盪的風箏。開學時你興高采烈的來到山城，你說你要好好發憤藉以彌補過去的脫軌，但當你要踏進新房東的門檻，他卻被你閃著寒光的銀色肢架震懾住了，在她的去去聲中宣判了你必須再當一朵飄泊雲。你滑了出去，堅強的承受打擊，你說你不怕這些，因爲有許許多多的手來將你扶持住了，他們都有荆軻的赤膽忠心，他們都有壯志如七尺長劍，他們有能力伴你度過難關。你第一次被深深感動過，於是手上不再空虛了，你確確實實抓緊了許多東西。你們握緊雙手緩緩涉過黑暗的沼澤，慢慢的攀越怨毒的棘藜地，你這隻傷痕累累的紙鳶又扶搖直上高高的在藍天上飛翔。可是，不久你的線斷了。她遞過來七首把線割斷了，那天晚上你就茫茫的走回去，悄悄的帶上房門，眼淚撲撲的掉了下來。

其實你也知道現實的冷漠，你也知道歌聲不遼濶，最最初你就知道這些，但你就是那麼執著「喜歡一個人的時候應該坦蕩蕩的。」你說，你要好好保護住這份感情，讓你們用心去感覺，你說只要不說出，以後你就能將它昇華成另一種形式的。可是她把什麼都帶走了，什麼都沒有留下，你說，你已經負荷那麼多了何妨再負荷一些，好吧！一切就當做都是你的錯誤，把眼淚收拾起來吧！你不能因一己的痛苦就影響人家的決斷。

以後你寫《出雲賦》告訴自己要堅強起來，回來揚眉給她看，阿惠也常常遞過來紙條要老哥堅強。可是可是你還是無法釋懷，你每天都要找許多鬧烘烘的事情來堅強自己脆弱的心情，你怕冷淡下來你就會隨風飄去。第一次月考你慘遭滑鐵盧，你第一次感到好難過好難過，感到母親清癯單薄的背影緊緊壓在心頭，阿惠也爲你的不爭氣哭了，她說：「你再不爭氣就枉費我叫你老哥了。」

你眞的要爭氣了，你這隻折翼之鳥該展翅了，痛苦會過去，你要做一株向陽的葵花，永遠朝著金黃的陽光，「過去」，你那麼小心的保護過，在你的心路歷程上，你還有什麼遺憾呢？

## 迢遙路

就這樣一路在心裡哼著陸游的釵頭鳳去打靶嗎？紅穌手，黃藤酒，滿園春色宮牆柳。東風惡，歡情薄，一懷愁緒幾年離索。錯！錯！錯！那能算是很久遠很久遠的記憶嗎？不！你第一次聽到人家唱這闋詞才不過暑假不久的時候。那麼神秘水溶溶的深更，紅穌手，黃藤酒……就那麼幽幽怨怨惻惻傷傷的被唱起來了。你就那麼痴情的聽著，一句句的錯！錯！錯！一句句的莫！莫！莫！把你帶回到宋朝，那時你正是十八歲的少年，豪氣千雲的年齡。那……應該已經是從前了，從前你曾經是那麼完整，煙波千里的宋朝，陸游的小樓，紅穌手黃藤酒，那麼深沉的迷戀著你，你感到你必須迢迢趕路渡江涉水去朝聖你心中的城闕了。以後你十九歲，衣衫單薄，你坐在課堂上聽老師講陸游唐婉的故事。依然是紅穌手黃藤酒，只是你感到它的曲調不再那麼清越，已經慢慢的沉悒下去，慢慢的哽咽住了……世情薄，人情惡，雨送黃昏花易落。曉風乾，淚痕殘，欲箋心事獨倚斜闌，難！難！難！唱著唱著，把心情都唱得淚眼汪汪了，你拚命的想著，陸游陸游，你怎麼能那麼輕易被現實擊碎呢？你拚命掩著耳朵，聲嘶力竭的嚷著，唐婉唐婉，妳怎麼能那麼輕易就被現實擊碎呢？

眞的是世情薄人情惡，過去你那麼完整那麼圓滿，可是自從她閉著眼睛將你擊碎，你感到你已經脆弱得回不到唐代宋朝了。回不去了，怎麼辦呢？怎麼辦呢？以後要怎麼揚眉吐氣回來給她看？怎麼辦呢？還是先去把笑聲找回來再說吧！於是，你只好重重的嘆了一口氣，唉！早知半路應相失，不如從來本獨飛。

去打靶吧！去北勢子呼吸硝煙，何必一定要等到煙塵落定才去狂歌笑孔丘呢？你說你一定要和他們一樣年青得發澀，過去的種種一概不算，一定要逼自己年青起來。只是，只是，幹嘛又在心裡一遍一遍哼著悽悽慘慘戚戚的釵頭鳳呢？陸游唐婉紅酥手黃藤酒。看！他們的笑聲多麼健康雄壯。排骨將軍一次又一次把頭轉過來嚷著：「笑笑小酒渦，快唱呀！把高三3班的女生拚過去啦！」你把嘴巴張開，可是腦子裡依然是錯錯錯莫莫莫那種幽絕的尾音，車內鬧烘烘的氣氛似乎並沒有傳染給你。

春如舊，人空瘦，淚痕紅浥鮫綃透。你忽然想到分離了，不曉得要唱盡幾疊陽關才能把年年柳色唱得健壯了，以前她柔情的燈每一盞都照向你暮歸的路，現在這條寂寞的路快速的展向兩頭了。那些你曾經聽懂的脚步已經慢慢變成如斯的陌生又遙遠，眞的是單薄的愛情已經在遙遠的攀途中默默的失去踪影了嗎？你不敢相信也沒有勇氣相信，你能說這是命運嗎？

車子忽然轉入顚顚跛跛的碎石路。年輕的歌聲笑聲一度轉入高潮，忽然有人喊著靶場到了。

涼涼的四級風夾著瀰漫的黃沙撲面打來，陽光是那麼溫暖那麼碎，碎得都要使你瘋狂了。

北勢子的陽光那麼亮麗，你的熱血開始澎湃起來。義竹鄉的陽光也曾經那麼暖呵呵過呀！你怎麼會不記得，你十八歲生日她坐了四個多鐘頭車子趕去看你，陽光就暖得會溶化你了。你那時就暗暗記著，有一天你也要去曬曬大埤鄉的陽光，可是可是，大埤鄉啊！陌生的城鎮。

射擊開始了，碰碰碰的槍聲整陣整陣橫移過來，你漸漸感染了她們的緊張，宋朝遙遠的離開你了。

後來主教要你去接空缺的第九靶，阿棟阿熙他們在後面嚷著：「恭喜你呀！揚風。」你小心的扒下，小心的裝上子彈，心裡撲通撲通的跳著。一陣黃沙吹過你面前，陸游的小樓就在塵埃中無聲無息的躺下去了。你把槍托頂緊肩窩，可是近視太重目標一片模糊，好了，扣吧！麵包也沒什麼關係，只要打出味道就行了。碰！碰！碰！六發子彈一下子全引爆了。

其實你並不愛北勢子的槍聲，你只愛那麼細碎那麼晶亮的陽光，你只愛那些風聲雨聲和無邊的寂寞。你很想一個人站在這裡凝視，望遠遠的天外天。如果有一天獨自一個去走靶場那條泥沙小徑，該有多落拓，大風起兮雲飛揚，心情該有多振奮。

現在，這些槍聲是純潔的，可是有一天它們染上血腥呢？你說，國恨家仇，不能忘呀！但你就是不喜歡血。你的心就曾淌過血，鮮紅的血流了一身流了一地，你忽然又想起陸游唐婉來了。陸游！你的心也曾淌過血嗎？淚痕紅浥鮫綃透，我知道你們曾經被淚水滴濕了衣襟，但是你們的心也曾淌過血嗎？當初你把《釵頭鳳》寫在粉牆上，心情是如何激動呢？唐婉後來看見了和你的詞，你應該比她更清楚她天天都是在咽淚裝歡。

雖然有人說時間可以使人成長，也可以使人遺忘，但對於那些永恆的痛苦呢？你忽然許下了一個願望，有一天一定要偷偷的跑去看看她的故鄉，去曬曬那些冷漠的陽光。如果你也能像她那麼瀟脫就好，那麼輕易就把自己不喜歡的東西遺忘了。你不能夠你不能夠，縱是心情激盪成江湖你也不能夠。

你的心裡越塞越悶了，在回歸的路上，你靜靜的闔目，忽然想起黃淑娟姊姊告訴你的「生命要像花朵熱熱烈烈的開放，雖然要用無數的愛和眼淚去灌溉它」但是，你想，生命根本不可能像花朵，你認爲生命應該像詩，要淒清要冷冽但就是不要長。

回到學校後你發現，北勢子的槍聲並沒有顫動你的心弦，你只擷取到一些細碎的似曾相識的陽光，你心中只塞滿涼涼的四級風聲。你默默的走去憑依在廊柱下，這次要細細的唱一遍釵頭鳳了……紅穌手、黃藤酒，滿園春色宮牆柳…唱不下去了，像被什麼哽咽住了。你的路那麼崎嶇那麼迢遙，你要拿出多少勇氣才能走完它呢？猛一抬頭看見小姊姊就站在你面前，你幽幽的說：

「小姊姊！我還是不快樂。」一頭重重的別過去，眼眶努力撐住了淚水。

小姊姊拍拍你的肩頭輕聲的說：「小風，你認爲快樂的定義是什麼？」

## 後記

有一天我一定會再年青起來的，我知道妳和我一樣都清楚這些，這些數也數不清的歲月，一個日子加上一個日子，我們都苦楚的成長著。

如果我不是一個唯美唯愛主義者，我應該不會被傷得這麼深這麼重的，其實，妳和我一樣，我們都太脆弱了，所以我們都經不起打擊。爲什麼在一起的日子那麼短，可是就是有吵不完的架，有時甚至要爲一句話賭氣半天，而現在，就連賭氣都賭不起來了。

難道命運眞的像妳想像中那麼惡劣那麼不容抗拒嗎？我想起有一次與文鴻撑著一把傘穿過重重雨幕，我忽然想起我寫《潮聲·潮聲》時的心境，那時正飄著細細的黃昏雨，我靜靜的竚立椰樹下，凝聽著如潮清冷的雨聲，彷彿來自我心深處，在那不可辨識的神秘裡，我猛然發現，生命中最美最美的那面卽是最淺最淺的哀愁。

在《潮聲·潮聲》裡我早已預言到這一切了，我失去了那一片深藍的海湄，失去了那對深深愛戀的黑眼珠，以後眞的只能啣著一根長長的蘆葦桿去坐在高高的岩岸上編織我的記憶了。從開始到結束我們都沒有錯，只是，我們都了解現實，卻不敢去面對它，最後只好把一切歸罪給命運了。

以後，我只能學黃淑娟姊姊拿個小瓶子裡面放張紙條，上面寫著：也許怕失落，一向我也怯於擷取。然後放到大海中去飄流了。

放寒假後我回來讀唐詩，讀到李商隱的「此情可待成追憶，只是當時已惘然。」讀不下去了，轉過頭去唸宋詞。唸到柳永的「念去去，千里煙波，暮靄沉沉楚天濶。多情自古傷離別，更那堪冷落清秋節。」忽然想到湯振星的那首詩：

說過的

我不會讓妳孤獨的出岫

雖然我是不死的崦嵫山巒

妳卻是逐漸消瘦的虹族後裔

以前我也是這麼關心妳呀！怕妳受涼受餓，更怕妳孤獨的去流浪。可恨的是，到了最後，我所得到的只是一句：「你一點也不了解我。」就憑這句話就足夠傷透我的心了。這對於我，妳不會覺得太殘酷了嗎？

心情就這樣無休止的驟變下去，我一定要年輕起來的，一定要年輕起來的。雖然我要走的路那麼崎嶇，那麼迢遙，雖然妳已踩著一路叮噹走上妳的陽光大道，但這些打擊，只會使我學會堅强。有那麼多雙友誼的手來扶持我，我還怕走不到盡頭嗎？那麼多雙友誼的手，比愛更深更重。有一次心情壞到了極點，晚飯沒吃就回去寫悶信。晚上李明玲、蘇淑卿、陳碧蘭、蘇啟裕來看我，爲我帶來了蘋果，李明玲特地去買了兩個肉丸，怕我吃不下，三個女孩輪流餵我。斯情斯景怎不叫人深深感動。

只要我年輕起來我就會忘了該怎麼去恨妳的，其實爲什麼要恨呢？黃淑娟姊姊不是對我說了：「愛人的人心中沒有恨。」她不是要我把陽光寫在臉上嗎？

把陽光寫在臉上，那——我們的名字應該寫在那裡呢！就寫在風中吧！風一次，我們的名字就失去了它的意義。

其實，妳的名字已經深深根植我心中了，像一棵古齡的神木，雖然綠蔭逐漸消褪，但我還是無法將它連根拔起。我知道，每一輕輕搖撼，都會觸痛我，都將使我受創的傷痕再度淌血。而且，我也無法用遺忘來砍伐妳。有時候，我甚至偷偷的期望來春妳能再抽芽、成長。

發了那麼多誓，今生今世再也不想見妳了，就是千年之後重逢，我也不會在長亭外古道邊等候妳。可是，我眞怕有一天我會忘了我怎麼對自己也對妳說的—從今後我們就是陌生人了—所以我一定要年輕起來的。

年輕是一種浪漫的古典，它不再是一支老歌，只能由妳在溫柔的街燈下輕聲唱給我聽。

二十五日我們到鄭炳煌家烤肉，那麼多飛揚的笑聲在風中廻蕩，多麼難忘呀！我的血管裡奔流的是收束不住的血液。我一遍又一遍搶著吃蔡西美的烤肉，直塞滿整個嘴巴，咽得整張臉都漲紅了，眼淚幾乎要給擠出來。我忽然想起小姊姊問我的：「小風！你認爲快樂的定義是什麼？」難道這就是快樂？不！還太遙遠呢？唉！當初怎麼忘了問許麗蕙老師呢？那時我就玩得很高興，但還是不快樂。大家在一起玩玲瓏寶塔：玲瓏塔，塔玲瓏，玲瓏寶塔第一層……。等蓋到第五層許老師喊著：「叮叮叮叮叮五聲，唸五句經。」我接下去拼命的唸著「阿彌陀佛，阿彌陀佛，阿彌陀佛，阿彌陀佛，阿彌陀佛。」等大家捧著肚子高聲大笑，才曉得自己搞錯了。

晚上回到家裡，面對著流變的黃昏，忽然好想寫一首長詩，就寫它一百二十行吧！反正一切都要結束的。對了，以前怎麼沒想到結束呢？還以爲我們會天長地久痴長下去呢？爲什麼妳要想得那麼遙遠？妳從來沒想到這會傷害我有多深？我走出臥室穿過厨房，伏在書桌上寫著：

以前，我十八歲
曾經花整個春天
寫她十七歲的小名
那時，夜深了
偶爾有最淺最淺的憂愁湧上眉頭

以後，我十九歲
我們的渡頭寫滿冷漠
雖然我的思念一再匍匐前往
她卻不斷地用淚水
把路途一一淹沒

只有在詩裡，才能見到自己最純眞的生命，我已經忘了我什麼時候開始寫我的第一首詩了，多麼熟悉又陌生，彷彿是在昨天也彷彿是在亙古以前，妳也寫詩，而且是寫給我的。妳寫《作別》，告訴我憧憬中的綠境，告訴我遠方的夢土。而現在我寫《輓歌》，這麼明顯的意象，妳該看得出我的心情，只要輕輕的撞擊，它就會四分五裂就會血肉模糊。可惜！這些妳再也不會了解了。

我的內心是包容太多的愛的，對國家對社會對民族，一想到古老的中國正多災難，想到這位母親在暴政的鐵蹄下徹夜呻吟，想到滄滄長江滔滔黃河不停淌著濃稠的血水，忽然忘了自己是多麼寂寞多麼痛苦過。

而妳呢？爲什麼不能信任我的勇氣，雖然我不能執干戈以衞社稷，但我既然命定爲龍族，我既然也是吃神農的稻米長大的，我們又爲什麼不能在一起？有一天我一定會年青起來的，我要讓妳看看那條迢遙的人生旅程雖然風雨沉鬱我還是攀越過去了。

而且，我也知道快樂離我並不遙遠。那一次與蘇啟裕、陳碧蘭去彌陀寺，暖暖的陽光披在身上，一點仲冬的感覺都沒有。

站在寺前遠眺，八掌溪的波光便成記憶裡一幅淡藍的潑墨了，溪湄纍纍的卵石，幾叢白頭的蘆花，竟也是那麼弱不禁風。更遠處是天，浩浩渺渺的天光水色一下子把波濤洶湧的心湖瀰漫的平靜了。後來我們又爬到更高的地方，極目遠望，視野是那麼開濶曠遠毫無遮攔，遠處的山如煙如翠，我說今夜我姑且要當個苦行僧在此露宿了。

我站在草坡上出神凝望着，蘇啟裕和陳碧蘭跑到旁邊那三座斑駁的閣樓東張西望，一會兒又跑回來故作緊張的呼呼叫著：

「啊！啊！那裡面原來是放骨灰的地方。」

我指了指地面那些光禿禿的草地開玩笑的說：

「難怪這些草老長不起來，原來是裡面的鬼三更半夜都要跑到這裡來跳舞。」

陳碧蘭邊笑邊說：「對了，那棵楊桃樹上的楊桃原來被鬼吃了，最上邊的還有那麼多，大概只有道行最高的才吃得到。」

這時我們想起剛剛蘇啟裕在楊桃樹下東張西望，又跳了好幾跳，結果連一個都沒搆著，不覺相視而笑。

爬下階梯走進彌陀寺的正殿，去聽古穆的木魚沉沉，去看裊裊的香煙撩繞整座殿堂，此時剪不斷理還亂的心緒在梵唱聲裡沈寂了。

後來，我們去走那一座吊橋。

走在吊橋上心都飛起來了，心靈靜得只聽到我的拐杖和肢架點在橋板的聲音，蘇啟裕和陳碧蘭跟在後面不時提醒我：「小心橋板上的洞。」一輛摩托車開過去，橋狠狠的搖晃起來，我的手緊緊抓著橋上的鋼索，奮力迎擊接二連三的震撼。

走到橋中央，風勢漸漸大了，朔風野大，往事像無數的紙灰，紛紛飛飄起來。待我走到橋那邊，內心忽然高興了起來，內心忽然想起了妳，那麼苦楚。有一天妳會懂的，如果妳也看到我那麼堅毅的走過那座搖晃的吊橋，妳就會懂，對於迢遙的人生，我也有相同的勇氣。

（寫於一九七九・二月）

# 如潮起時

妳聽著，輕輕的聽著，那一陣又一陣細碎的呢喃，縱是在睡夢中，也會搖妳入它的懷中。

我已經不只一次那麼激動的醒來了，每一次醒來心裡總是負載了過多的潮聲，彷彿不找個空曠的地方盡情的吶喊一番它就會溢出來的。而每一次感到那種無聲的撞擊——哦！那種痛楚的撞擊在我心中洶湧的翻騰著——總是在深夜。

在深夜，一睜開眼睛就看見巷路那盞水銀燈，有時關上窗子，這時就會看見木屋旁邊那些小樹的葉子被碎碎的剪貼在窗玻璃上，風一吹，便搖搖晃晃的跳起舞來了。妳知道嗎？自從到小美津回來後，我就害怕這一切，害怕這種無邊的寂寞。

有幾次我眞的想悄悄的打開大門，一個人默默的走出去，身上只要披上一件風衣，只要一個繁星閃爍的夜和一些些兒微風，只要這些就夠了。木屋旁邊有一條小溪，我曾經專注的聽過它的嗚咽。那種古老的水聲在亂草叢中很低很低的唱著，妳必須很仔細的凝聽才懂得它在說些什麼！

我眞的很想激情的沿著它默默的走下去。

如果它不能流到小美津，我想，它也會流到另一片藍藍的海，很久以前我就深信這些。

古都回來後，小美津一直在我心深處閃爍著，這種深切的惦念從清晨到深夜沒有一刻離開過我。彷彿只要我一闔上眼睛就有萬頃清波在我的面前嘩嘩的沖激著，彷彿我看見潮水已經漲上沙灘，將我的足跡一一掩去了。

與妳到古都，只是爲了找回我所失去的，這一次不再只是哼著沙啞的短調去尋找快樂的定義了。以前我在振興治療病脚時學會了堅强，我心中自有一座城闕。自從妳乘風歸去，我看見它在渙散，看見鮮紅的血流了一身流了一地，縱是我用手緊緊掩著眼睛，也感覺出它從我的心中一滴又一滴的淌下去。

到古都只想看看昔日那些伙伴們，只有在她（他）們身上我才能回到往日。

我沒想到她們會帶我倆到小美津。

以後小美津的潮水每到深夜就漲得我心裡滿滿的，漲得我隱隱作痛起來。

其實，車子在遼濶的嘉南平原穿梭時，我內心已經不能平靜了，四月的水田，綠油油的秧針亂亂的扎在我心最深處。如果此時我們走下車去，在田埂上坐上一個下午，此時，必有悠揚的蟬聲嘶過阡陌。

那是一片震撼人的綠，沒遮攔的翠綠色越過了車窗狠狠的向妳狙擊，妳怎麼能反擊呢？那一片綠，那一片生命的綠，它們那麼粗獷的向我走來，它們那麼洶湧的包圍住我，向我大聲吶喊著。

她們帶我倆到小美津後，我幾乎要激動起來了，在遠遠的地方我就聽見了海的呢喃，有時是細細的低語，有時卻很激情。

走下計乘車後，我幾乎招架不住了，我相信，那些撞擊當我老去時會成爲日子裡一個最美麗的節拍的。我一步又一步的走近它，那種感覺，彷彿走向妳，距離越是拉近內心越是慌亂。小美津的沙滲進我的鞋子裡，她們說，如果是有陽光的日子，這些沙會燙得令人受不了。今天是個陰天，妳帶來了小傘，只要沒有陽光，我就不必擔心會被燙傷了。只要沒有陽光，妳們就看不見我眸子裡閃閃欲滴的激動淚水的。

走在沙灘上，原本起伏不平的情緒更加激烈了。我想不到，眞是想不到，與妳來古都只是想看看那些伙伴們，只是想回到往日，可是她們卻帶我們來到小美津。在更久以前，我去古都，她們帶我去赤嵌樓，那時我的心情是古穆的，現在，我卻很想走去與海化合爲一。站在防風林裡面對著大海，還有什麼比這種召喚更爲强烈呢？彷彿有什麼力量在觸手可及的遠方壓迫我嗾使我，彷彿有什麼神秘的靈魂喃喃的叫著我的名字。那一刹那間，我看見了生命裡最脆弱的部份，眼前那一片沙灘變得多麼熟悉，熟悉得陌生起來了。

我多麼激動，我的心情又翻雲覆雨起來了。

唉呀！妳怎麼會了解這些呢！

當我朝著大海走近一步，那震顫我心弦的潮音就猛烈的在我靈魂深處跳躍著。那潮汐，那浪花，我越是靠近它越感覺得出海沉重的呼吸聲，海在四月初的雲層下睡著。

我越過那片沙灘時鞋子已裝滿細細的沙子了，說不出有多麼感動，我抬起頭來望天，望那一色相連的海天，唉！我怎麼才能對妳說出那種虔敬呢？萬點靈光飛過了我的胸臆，心裡塡塞的不知是寂寞或是歡愉。

也許什麼都不是，我茫然的站著，想著此刻海就在我的脚下了，只要我閉著眼睛無聲無息的朝它走去，那憧憬中的翻騰就不再是幻夢了。海隆隆的叫囂著，我忽然看見了我心中最脆弱的東西。過去，我曾有過許多美麗的希望，可是它們都像泡沫一樣破碎得一點也不存在了，所以我忘了怎麼才能禁得住打擊。

有一天當妳不再在妳心底浮雕我的影子，我怎麼承受得了這種苦難呢！

當愛萌芽時妳是不能狠著心將它拔除的，縱使它會觸痛妳，使妳血流滿地。

我是怕孤獨的，只是我越逃避寂寞，心中卻越空虛。此刻，在小美津，那翻騰的浪打在心坎，浪花在我眼前聚攏、升起，又重重的打下，我怎麼受得了這種悵惘呢！海就在我的脚下，我心跳得那麼激烈，我的視線由潮濕轉爲模糊了。

我的心裡妳是不會了解的，我看見妳轉過來看我，我避開了，我深怕淚水會不聽使喚的往臉頰滑下去。

一種莫名的感覺越積越高，越積越濃，海的濤聲和風語就在我面前低語著。海風吹翻了我的衣領，雨細細的下著，如斯的飄忽，如斯的渺茫。有一天妳會不會選一個雨水淋漓的午夜，打著一把古老的油紙傘來走那一帶如銀的沙灘呢？我就曾這樣想過。當我失意的時候，我還會來看它，只要我心中那一汪潮水不退，我還要來，要獨自一個來。

這些妳懂嗎？妳也像我一樣深深的凝視著遠方那幾艘漁船嗎？它們定定的泊在地平線上，彷彿是靜止不動的，那是海的神奇。其實我無時無刻都在期待一個奇蹟，只要能使我再蛻變一次，只要使我堅強些。我多麼感激她們帶我來到小美津，她們是了解我的，我不用說，她們就已聽到我心中最細的耳語。

當我激動不已時，她們走過來對我說：

「不知該對你說些什麼？只希望你永遠記著，好好珍惜你自己。」

我想，這就夠了。

我想，我到古都來只是想聽到這句話，這句話對我來說是太重要了。

我就是太不會珍惜自己了，我就是太不會珍惜自己了。

我倆向海揮手時，我的臉上已充滿了倦意，我向海輕輕的招了招手，我想，如潮起時，潮水會漲進那片防風，將我的足跡一一掩去的。

（寫於一九七九・四月）

# 歸來之後

我是記掛著妳歸來的，僅只那麼輕的揮手，僅只如斯淡細的一聲再見，我是那麼吃力的淡漠著，那麼吃力的不動於衷。唉！我是何時才能使自己的微笑流著一點響聲呢？那麼多破葉堆積在心臆中，縱是更深人靜也感到妳飄飄的衣袂沙沙的來到我的夢中。

我們眞的那麼慣常隱慝自己的心情嗎？我們都太脆弱了所以我們往往在表面上裝得堅强。

中午我就走了，山城的陽光花花的落在心中，我忽然感到我的心中滿滿地寫著妳的名字，我突然使勁的厭惡起這個暑假了。心中像被幾重山壓著，壓得我連一口氣都喘不起來了。兩個月，妳會去那裡呢？我是那麼躭心那麼記掛，一閉上眼睛就看見妳走來對我說：「我整個暑假都不在家，……我不曉得我會去那裡……。」看見妳憂鬱的影子飄進來又飄出去，而我竟連一句最重要的「記得給我寫信」也咬著牙吞進去了。

我是那麼信仰不要因一己的痛苦就影響人家的決斷呀！我不斷的提醒自己，男孩子要懂得承擔風雨承擔苦難。歸來之後，陽光是那麼喧嘩，把眼睛瞇成一線看天，它們還是那麼殷熱地在我的瞳仁深處閃爍著。亭午的街上，只有三兩個農人赤著上身走著，整條街靜得出奇，剛從嘉義的鬧區回來，我是那麼不能適應這種靜呀！兩個月是如何漫長悠遠呢？生活一下子要轉變爲平靜，生活裡突然失去妳的影子妳的聲音，妹妹們走後，我突然想痛哭一場了。

第二天雨忽然嘩嘩的下起來，雨落在平原上落在馬路上，落在大地上也落在心上。淅淅瀝瀝的雨聲使勁的敲著瓦屋，我眞的忍受不了這種寂寞了。我多麼希望有一天，在靜靜的午后，妳會走來叩我古老的門呢！

憂傷在此植下，雨停的時候我能頂著一個淺淺的星色去那一片苔草上獨坐呢？那一天，妳夜夜仰望我的名字，那一天，妳悠然的踱來，爲我點亮一盞燈呢？我那麼會隱匿自己，我的生命裡包含著這種無奈，有時我又變成徬徨沒有依靠的人了。多情卻似總無情，惟覺樽前笑不成。彷彿，我在情感的四週築起一道厚厚的牆，誰也無法窺見我心靈的殿堂，我到底是怎麼樣的一個人呢？

歸來之後，雨聲每每在深深的子夜搖醒我，少年聽雨，許多成雲成煙的記憶又變得如此鮮明。猛回首，素景楚天路茫茫，寂寞的青苔又悄悄的爬上我的肩上。

歸來之後，我突然慵懶起來了，思念像細水長流，水流深處繫著你我的名字，有一天它會漂流到妳淺淺的笑渦裡呀！有時走在漫長的街上，就會那麼無依的反問自己，妳會去那裡呢？妳會去那裡呢？這在我心中已成了一個無休止的謎了，我知道妳不會告訴我的。妳和我一樣，每天使用著一張笑臉，可是誰也不知道妳心裡想些什麼？對於妳，我是有著深切的期待的，同樣的，我也在尋求另一次的蛻變，不致於使自己木化，也不致於使少年的我老去。

偶爾的歸來那是一種欣喜，可是長久的歸來卻成了一份無可避免的無奈了。畢竟，我還太年青，我還是希望生活得鬧烘烘的。

也許，我眞的是在爲我的人生尋求另一次蛻變了。不管妳在那裡，只要妳靜靜的傾聽，在妳向南的院落，在妳最深的綠水之湄，我的夢就立在那兒，我的憂鬱，就在妳足印千層的石板路上踱著。

歸來之後，突然感知了妳的痛苦，面對著窗外瀟瀟夜雨，心裡像被什麼滴痛似的淒楚起來了。此刻，妳也陪我不眠嗎？妳應該會知道的，在我走過的汗跡和脚印裡，我是那麼辛苦的在不影響妳，我是那麼吃力地在突破自己的心情，因爲，那是一切努力的起點。

（寫於一九七九・七月・暑假）

# 往昔

你喜歡老僧入定般紋風不動的屹立著，任憑海風絞擰著你的亂髮，追逐你長長的衣擺，長袖無扣，莫非你是落拓寂寞的舞者？你喜歡讓海水一路怒吼的狂奔過來，朝著你重重的打下，天風吹弄散髮，難道你是獨憔悴的詩人？

再次回到台南小美津海邊，你的心情是過份沉靜的，彷彿蔓生青苔的古井，你的門扉緊緊掩著，你心中的小徑荒草煙生。當你走過那一帶石砌的防波堤，當你與沙灘上幾株仙人掌交換過眼色，你忽然感到這裡變得多麼寂寥又陌生。

你撐著拐杖，在沙灘上紊亂的走著，細白的海岸線曲曲折折的蜿蜒過去，浪花就在你的腳下擊節嘆息。你歪歪斜斜的跨越前去，將淺淺厚重的腳印蓋成歲月的戳記，偶爾過去那個淡淡的支離破碎且又帶著傷痕的愛情，竟會在你心中載沉載浮的。你會悠遠的想起你們第一次來到小美津，併著肩望著遠方定定的漁船，併著肩坐在防風林裡傾聽驚濤裂岸的潮聲，如今，這一切都遠颺了，淡去了……一轉眼，你畢了業，投身廣漠浩瀚的人群中，努力護衛你心靈上那份年少的激情，努力不讓現實奪去這最後的據點。你的日子過得如斯艱辛吃力，曾經滄海難爲水呀難爲水，你變得驚懼又孤漠，害怕回到過去，掙扎著不讓你走回你的最初。而她也幾度轉折，遠遠地站在不堪回首地燈火闌珊處。

偶而你也會想起布袋漁港，你多麼喜歡那裡勁疾兇狠的海風，你常常痴痴的立身岸邊，任呼嘯的狂風將你打得搖搖欲墜，任號叱的天風將你的心情吹得鹹鹹澀澀。

你喜歡那個濱海的小鎮就那樣光禿禿的傲岸的盤據一方，斑駁的紅瓦泥牆，古舊簡陋的木板房包圍著碼頭，防風林都到那裡亡命去了呢？那裡經年淋灑著銅火盆般溫暖亮麗的陽光，到處堆積著蚵仔殼。燈塔，破碎的漁網，海藍藍的天空……入目所極，一切一切都散發著大海的氣息。坐在防波堤，看著漁夫裸裎著古銅色的肌膚從你面前走過去，你會感到他們向你罩過來的影子是如斯健康和巨大，如斯陌生和遙遠。

面對著大海，你心中的海域也是波瀾起伏，在這裡難道你眞的能治癒你的念舊症嗎？難道你眞的能忘懷那支幽傷哀怨，迴迴旋旋的戀曲？

走在狹小的街道上，你微微感到小鎮還是靜寂的睡著，還是堅持它樸拙無華的笑靨。載鹽的小火車仍然吐著煤煙，匡郎匡郎壓過躺在鐵軌下的枕木，轟隆轟隆往不知名的城市奔跑過去，一切一切親切得令你感動，如同小時候把臉貼在車窗上所見。只是只是，你納悶著，走在濱海的小鎮，已經退却的前塵往事爲什麼又漲上你的胸臆呢？

如今你平靜的踱在小美津細細碎碎的沙丘上，傷感宛如遠去船邊的水紋；衆弦俱寂，偶爾思緒會靜得叫你驀然大吃一驚。走著走著，你不斷回頭去觀看背後那一帶起伏飄搖的防風林，看那些蒼灰色的樹枝在天空用力掄舞著。

海潮撲過來，又迅速的退却回去，偶而幾隻海鳥盤旋飛過你身邊，尾巴優美的翦過海面，只留下呱呱的鳴叫聲，在天地間尖銳地迴盪著，你逐漸遠離人群，拒絕回去找尋那片笑語喧呶的戲水聲，拒絕回頭去看那兩行逐漸被海水吞噬的足印。唉！難道這種靜是眞正的平靜嗎？難道你不曾覺得，在你的心境上，這只是山雨欲來前的寂靜。難道你沒發現，你的眼神迷茫的望著遠方，口中不停的唸著詩經采薇裡的一句詩：昔我往矣，楊柳依依，今我來思，雨雪霏霏……昔我往矣，楊柳依依，今我來思，雨雪霏霏……。

（寫於一九八二‧四月）

# 迴旋曲

很久很久以前，我已經忘記那帖琴韻了，那股溶溶的流波離開我何其遙遠呢？夜裏夢裏，它們不再來扣我的門扉，不再對我展著輕盈的微笑。那麼綿遠的年代，我怎麼能夠回去呢？我怎麼能夠回去呢？

妳是不信的，那夜，我一直焦躁的靠在桌邊撥著電話，屋子裏死寂一般的靜，銀白的月色，撒了滿牆都是。風有時打從院子裏經過，我彷彿觸摸到一組古遠的音符躡著小步，又回到我的記憶裏來一樣。電話響過以後，沒人接，我又撥了，我眞想告訴妳我的激動，眞想讓妳也聽到，有一支曲子幽傷哀怨，迴迴旋旋，古詩詞一樣的冷麗，它們又回到我的心中。

那是在妳走以後，我打開了妳送給我的禮物，赫然發現裏面正是一支蝴蝶牌口琴。心靈上像被什麼撞擊到那麼痛楚，也感到無邊的迷醉。我彷彿回過頭去觀望過去那些淒零的脚印，感到滿懷的愁苦與啞然。

我眞不相信我的眼睛，眞不相信那怎麼會是一支口琴。口琴，這詩一樣的樂器，這典雅的意象，自從高一到博愛救濟院回來後，我已經立志去遺忘它了。

曾經我是那麼迷戀它，宛若走進一座繁華的花園，心中充滿喜悅與迷惘，我爲它瘋狂過也悲苦過，爲它歡暢過也爲它低廻過。我常常擁有一份難抑的激越，不管多麼遙遠，不管做過什麼飄搖的夢，它曾經也是我生命的一部份！

擁有第一支口琴，是堂兄送的。那次，我們選了個濛濛的雨夜，走了好幾條濡濕的長街去買它，我微笑了，在我心深處，多少組流落的音符在我情緒低落時爲我譜出多少長歌短調；多少個難眠的長夜，它陪我剪落了多少燈花。直到有一天，六嬸誣賴我騙堂兄去買它，我才傷心的偸偸的將它還給堂弟。

第二支是支十公分的小口琴，A調，抒情詩一樣的音色，我眞是喜歡透它了。可是，那一次，我們到博愛救濟院的精神病房，我依依不捨的將它送給一個輕微的精神病患者，內心彷彿被什麼犂過那麼痛楚。從此，每個夜裏，那些苦難的人常常走入我夢中，那一張張受苦的臉經常從我的腦際一閃而過，那一聲又一聲淒厲的哀嚎與吼叫，時常從我心中沒緣由的響起。

我眞怕去想到去感到，以後，我立誓今生今世再也不玩它了，我立志一定要忘了它。

我眞不知妳怎麼也知道我少年時候也夢過高山流水一樣長的夢，妳難道不知，妳難道不會想到，我曾經那樣被震撼過，那些受苦的人們簡直就要撕碎我，就要一口吞下我了。妳可知道，當我拿起那支口琴，在電光石火一閃中，我彷彿看到有些人掙扎著沉下去了。我彷彿又回到嘉義博愛救濟院，穿過一條陰濕的石板路踏上一片青苔，我又聽到了野獸一般的淒嚎，又看到了一張張扭曲憤怒、呆滯無神的臉。我彷彿靜靜的停在那邊，心中絞痛，除了一支比苦難還要苦難的曲子，往我的心靈殿堂，迴旋飄過。

你還是那樣清癯單薄，還是那麼沈默古拙嗎？

那天中午你獨自走進公園，去看梅樹、去看紫蝶花、去看桃花，也去看杜鵑。你愛梅樹遒勁的冷香，也愛人面桃花。你就這樣一路走去，低氣壓壓著雲陣，也壓著你煩悶的心緒。

你緊閉著嘴唇默默地走著，沙塵在前方飛揚翻滾，北風呼嘯穿過林蔭盡處。你好想哭，好想吶喊，好想掩面跪下。你走到梅園，看那些青澀的梅子，感到中國離得你好近，感到有股青青澀澀的苦味迴繞在心頭、在眼中。你忽然忘了你的名字，你彷彿就是中國，你彷彿苦難一般的中國。

以後你走到孔廟，古老的書香一般，春秋戰國的年代，它們在輕風裏款擺，在時空裏展示它的淒冷。你忽然突興一股衝動，想到草葉間去踏尋；你忽然感到你像一顆微小的沙塵，在風中幻滅。

你慢慢的踱著緩步，走到孔廟的後院，隨手摘了一朵薔薇，還有什麼比這更具飄零感呢？更多的日子裏，你去走不知名的窄巷，你去遙望水滴零落的燈火；多少個星星摘盡的夜裏，你浪擲在街頭，你不知道這是迷失抑是找回失落的你。

如果你是一位能者，你難道不懂得珍惜嗎？

如果你是一個强者，你難道非得喜愛沉著憂鬱寂寥悲壯的色彩？

你常常在酒後酩酊的睡去，醒來，讓深淺疏密的頭痛包圍著你。只要稍一遲疑，過去與現在，生與死，常會產生激戰。你眞的不了解，你是在黑暗中追逐黑暗，你是在一片多難的深淵裏旋轉著落下。……

你踏上忠烈祠的台階，滿滿的一路落葉舖在你脚下，你輕輕的惦著足尖，彷彿怕驚醒那些不死的性靈。每一次你來這裏，總感到內心汪洋澎湃，你的脈管裡彷彿奔流著烈士的鮮血。那些人，生也美艷，死也偉烈，還有什麼比這更英豪雄偉呢？人往往用一生來準備死亡，唯有這種死比生還要熱烈。

有時你也渴望一次死亡，你這個膜拜强者的人，你本身就不夠强呢！

最後你走進植物園，你多麼愛那兩排高揚的椰子樹，多麼愛那麼深的落葉的意象，愛那麼灰色的樹影；你孤寂的走進去，落葉在地上沙沙的響著。一下子你彷彿走回秋天、走回夏天、走回春天，時間的煙幔在你眼前飄拂，你又錯愕又驚懼的走著，忘了你從那裏來，也忘了你要往何處去。

你來到一棵橄欖樹下，細細碎碎的水聲在耳邊低聲唱著，你驀然靜寂下來，一顆顆青澀的橄欖掉落水中，微波從心湖裏漾盪開來，唉！唉！有一件事情你是極清晰，你是極明白的：你很怕有一天，你不再是揚風；你眞怕走出學校這堵牆的呵護，你就不再是你了。

妳去得何其遙遠呢？有時候我感到我眞恨妳，有時也感到好可憐妳。我眞不懂，爲什麼妳會是我的小姊姊，爲什麼我會是妳的小風呢？

那次接了妳的電話到現在已經兩個多月了，妳還是到處在漂泊在流浪嗎？在生活的路上妳還是紊亂的走著，還是掙扎著不讓自己倒下去嗎？妳還是無根無任何依恃嗎？不管妳是牛鈴抑是啞鈴，我希望妳永遠不失爲妳，我希望我的小姊姊永遠是一個打掉牙齒和血呑的勇者、强者！

妳是不能戰敗，妳是不能退縮的，龍族的兒女永遠是生命的强者，永遠崇尙著美與力！

我多麼熱望能夠再見到妳，有時在夢中，偶爾會夢見妳對我一路奔來，風雨在妳的背後飄搖，陽光在妳的眼前閃爍。妳是那麼眞實的袒露，我彷彿找回往日的妳，也尋著了我。

有時也會看見妳定定的站在遠方，一臉的風霜與凌亂，我好想哭、好想走過去伏在妳在臂彎裏輕聲啜泣，好想妳回來後再也不必走出去和社會作著艱苦的搏鬥。

好想選擇一件東西——生或者死亡。在妳的一生中，常有一支幽深哀怨的曲子，妳永遠不知它來自何處，當妳靜下來，它就會從你的思緒裏，迴旋飄過。

（寫於一九八〇年）

# 在中山路山

「如果你我的生命只爲了短暫的繽紛而像噴水池躍動的水珠，毫無意識的湧現而出，你要作何解釋？」你爽朗的笑著，帶著哲學家的口吻質問我這個討厭的問題。我感到有點憤怒，我想你一定不了解我，眞的不了解我，我不是那種喜歡爲人生下註脚的人。我將作何解釋，你說，我將能夠作何解釋？我甚至感到今晚不該出來，至少我不該到中山路來。

「你要作何解釋？」你把口氣逐漸加重，我的心頭感到沉重窒息而又不安。你說這話時有一輛福特跑天下從我的身邊疾馳而過，它刺眼的後車燈緊緊壓迫著我，你可知道今天我是以一種什麼樣的情緒來擺脫堂弟郵寄來的家書，你當然不會知道，其實，我眞想家。

我們的眼睛都望着遠處，許多磚房，許多燦爛的霓虹燈。然而，天上却只有一彎冷月，幾點稀疏的寒星寂寞地在銀河中擺渡着泅泳著。我轉過頭壓低嗓子對你嚷着：「你了解迢迢鄉音的召喚嗎？」我的聲音低沉闇啞，像一口蒼老的古井。我發現你在退縮，一種報復的快感在我的嘴角很好看的彎着，那時我是應該狂笑一陣的，但我並沒有如此做。

那一片無法放逐的鄉音在我的心坎裏氾濫著、汪洋着。你說，你說，你可曾在曉霧初散時讀着詩走過八掌溪畔的樹薯田，把足印留給濡濕的草徑；你可曾在秋風拂動的黃昏坐在河床的卵石上，嚼着一把沒上鹽的酢醬草，用脚尖拍擊着澎湃而來的水波。多少春天，多少秋天。蘆葦花謝了，又開了。你說，你說，你可曾爲你的生命傾注過他激盪的潮汛；你可曾爲它輕輕瘋狂過？你說！你說！

八掌溪的記憶最美了，年年草長，黃葉撲地，最忘不斷的是十二月的霜天。我們攀越國小的矮圍牆，從村路那邊踽踽而來，恣情的用足尖點響木葉。風拍打著你我的衣襟，拍打著你我凍紫的臉頰。我們走在八掌溪的堤岸上，雙手把夾克拉得緊緊的。「應該燃起一堆篝火的。」你飛揚著眉毛很浪漫的說。那時誰也不懂淒涼，不懂詩意，不懂任何無謂的符號與象徵，我們只知道我們需要升起一盆熊熊的篝火。於是你從上衣口袋摸出一盒火柴，在一塊蝕破的石柱蹲下瘦小的身子，劃下第一根火柴。然而風太大火柴的光影只在你的眼前晃動一下便熄滅了，接著你劃下第二根、第三根……你懊惱的把火柴盒丟到我的脚邊，我從不曾見你如此懊惱過。我慢慢揀起了它，那種動作是慢吞吞的有氣無力的。「算了吧！你知道我不敢點火，除非你把火柴棒插在原子筆的筆管上。」你沉默的望著遠天的一縷炊煙，那炊煙在竹林的上空零亂的飄著飄著。

然而，即使一切成空，我並不會責怪你，那絕不是誰的安排。像今天，我們相逢，一切都是偶然，你依然執著如昔，你仍然是你。但歲月已老年華已不再，如今個人都懷著一種不爲人知的心情，爲了憧憬中的理想，爲了對唯美的膜拜與追求，不得不撥開不得不走出詩意盎然的蘆叢。你必知道我是如何揮別綠城的，我走的時候八掌溪正籠罩著一片水霧，一片煙嵐。

對於未來，對於不可知的未來，我有足夠的信心，不只是我，相信還有你，我一向就如此肯定。過去，我安於我所擁有的，但未來這一個未知數呢？你說：你還只能在你心中種植一片發光的相思樹林，發光的教堂，發光的小溪，發光的碎石子路嗎？

「你的問題重要嗎？」你點點頭，我爲我有勇氣推翻這堵形漸高亢的牆感到高興。從你的臉上我讀出一個少年自誓時的虔誠與倔强，我想，也許你的問題另有所指，我把手臂拱繞著頭顱。中山路好單調好空虛，我不只一次感到如此。不只一次，也許你又要笑了，好吧！讓你盡情的笑吧！我說我不喜歡中山路並不代表永遠，以後或許會喜歡，那是以後的事情，讓我們留著以後再談。

生命是什麼？生命絕不是把陽光瓶裝起來供奉在八仙桌上吧！我發現我失落了很多很多，有形的無形的，都被我年輕的衿持無情的揮霍掉了。我嘎的把手臂指向南北極。哦！我想我是想通了，我用手拍拍後腦袋。「沒有根的生活需要更大的勇氣。沒有根的生活需要更大的勇氣。」我感到我像一個孩子般的叫囂著。

然而，我們果眞沒有根嗎？是的，我們並沒有根，我們的生命應該是屬於北國的馬蹄和南國的漁唱。而眞正的鄉愁呵！眞正的鄉愁應該是在江南江北，而不是在八掌溪畔。

（寫於一九七七・九月）

# 秉千秋之筆

一燈如豆

走出詩社，她們的歌聲還遺落在耳邊，輕輕柔柔的迴盪著，那麼低悒的唱著陸游的「釵頭鳳」，歌聲淺淺的張開，在風中翻來覆去。

開始時是我唱，起了個低沉的音，心中已經想望容納更多的古意了，歌聲頻頻的顫動喉口，緩緩的吐納出來，宋朝宋朝，我感到你是那麼靠近我，挨著耳朵傾聽，陸游就扶著紅闌干，緩步微吟，紅穌手，黃藤酒……。

在悠遠哀傷的古韻中，思緒就像脚步那樣凌亂，陸游，我忽然眞眞切切的想羽化爲你筆下的詩靈了。做你「王師北定中原日，家祭毋忘告乃翁。」憂國傷時的沉痛，或化身爲你「東風惡，歡情薄，一懷愁緒幾年離索。」幽怨無奈的長短調。

在萬般皆沉的夜裡，我是如斯的想望你臨風竚立的樓頭，該有盞不滅的長明燈。就照著我吧！照我僕僕風塵的八千里路。透過遙遠的時空距離，我走向你，想你身體單薄依舊，在蓄意中我們能相逢把手嗎？唐代那麼輝煌，宋朝那麼古拙。夜來風涼，想到我遠揚的激情就在湮波千里的江上，隨著你行吟的詩韻裡，一齊沉緬下去了。

歌聲低迴轉過，她們詩意盎然的唱下去，彷彿體會到了你無言的傷痛。一句句的錯錯錯，一句的莫莫莫，唉！就飲你滿杯苦酒吧！就再爲你歌一曲淒絕美絕的無奈吧！讓你在我們當中風華絕倒。

接著是王彗鐘老師唱了，轉了個哀怨的調子，綿長淒淒的一路唱下去：

紅穌手

黃藤酒

滿園春色宮牆柳

教室外的走廊人潮洶湧，亂亂的流動著，詩社的人低低的輕和著，每個人臉上寫滿對詩社的愛，無需用言語去加以詮釋。如果以前我的人生曾經黯淡，那！現在就讓我輝煌起來吧！讓我以滿腹的殷熱選擇詩做歸依，少年的金劍，就當胸挑開呀！讓赤誠在這個大家庭裡流盪。「過去」我已經刻意去埋葬了，怨毒疾苦，愛情的傷害，都遠離我吧！曾經滄海難爲水，除却巫山不是雲。就轉換種心情去闖盪江湖，管他江湖上風高浪急。我不要再執手相看淚眼，竟無語凝噎了，一種踏破賀蘭山闕的磅礴氣勢，在我心中鼓盪成萬頃清波。

歌聲中，想到該有人擊筑長嘯，該有人起舞弄清影，睡裡夢裡，常常回到馬蹄花香的江南江北，也不時回到俠士行的秦代，去閱讀「風瀟瀟兮易水寒，壯士一去兮不復還。」甚至更渴望走去朝聖屈原香草美人的朝代呢！在詩裡我們更容易接近那些歷史上的大詩人、壯士豪俠。

他們就立在我們面前，只要你心靈的觸鬚往前伸張，就能清楚的觸摸到了。

觸摸到了，一切都蘊釀在你心裡，你就漏夜將它趕上古道呀！

此刻，就讓我來回顧吧！我已經走那麼遠了，走出詩社，就要回到日落那一端，可是她們的歌聲還在我心中最深的淵谷裡迴響著，帶著一點點的迷惘，田田的飄拂過水面。每次一聽到陸游的《釵頭鳳》就忍不住悸動，許多的撞擊，它們就要覆蓋我了。我要好好找個地方，認眞的回憶一下。不只想我心中燦爛的朝代，不只想念陸游唐婉，還要想念紫蝶花般的谷風。

在遙遠的樹林鎮，縱是隔了一層水霧，谷風！妳也感知到我們行吟的歌聲嗎？飛禽撲翅中，妳也擷取到那點掠空而過的驚喜嗎？圖書館旁那兩排紫蝶花明春又要開了，妳登高臨遠的東大樓當雨聲盈然在耳時，也成了我極目時最恬淡的觸摸。我是那麼渴望妳歸來，回來看看我們詩社呀！在仰望間讓妳深深的感受到我們創業的維艱。

那麼艱苦的霍出一掌，也許我們滿身血痕，平地一聲雷後，我們播下了這一束種子，我相信它不會腐化而死，有一天，當我回來，它會對我展現一片青青艾艾的綠蔭。在激情中，請妳也回來和我一樣對未來充滿神往，彷彿滿野的金黃就要匆匆走入我懷中了。

我是那麼熱情去當一個殉道者，不只是我，我們都是，我們都是願意爲明日而戰的鬥士。

谷風，妳相信嗎？每夜每夜，我的夢境裡常常絢爛而綺麗，一切都像彩霞滿天，想著她們那麼專注的讀著詩，嘴角就被一絲絲的微笑牽動著。一時微笑就像微波盪漾，那樣親切的在心湖裡不停的擴散，永遠都不停止。我眞的找到一處忘懷痛苦的地方了，只要我挺身站到她們面前，我就會驚奇自己的存在。生命中都是歌聲和愛呀！我還那麼年輕，我還要為詩社貢獻自己呢！

回來看看我們吧！看看年輕的鄧英謀老師和王彗鐘老師那麼熱誠的帶領我們，那樣和靄的做我們的大哥大姊，我們終於也有一個詩社的家了。

這個家曾經讓我深深的期待過，熠熠守望過。所有生命的美麗都在這裡發揮了它的極致，我再也不用千里單騎趕去和痛苦做單刀的赴會了。我可以遺忘它們甚至親手埋葬它們。

谷風，已涼季節裡，妳靜靜的傾心靜聽我們的歌聲吧！我們的歌聲那麼遼濶，在歷史的內頁裡，它正洶湧澎湃，神采飛揚的逐字唱下去：

在衆星皆沉的夜裡
詩是我們唯一的仰望
一燈如豆

## 衣鉢

沒想到會有妳來接下我的衣鉢。

沒見到妳以前我是那麼不敢相信，就像每年寒暑假，我都要回去面對童年那個小窗，躺在古典的夜裡，聽濟公堂那邊歌仔戲的吼叫聲在風中漸漸式微一樣。

其實，眞正唱歌仔戲的我已經聽不到了，我童年的王國正漸漸的在改變中，科學帶來了文明，古老的街道被鋼筋水泥嚴重的威脅著。以致於拎著小皮箱走進小村中的我，有時會對自己編個故事，總是遙想自己是個陌生的過客，形單影隻，一身僕僕風塵，滿臉都是歲月的痕跡。這個小村，對我是那麼陌生。

小村裡一切都在變。我們嬉笑過的王國再也沒人來接下它的衣鉢了。那個曾經被我躺過的星空，再也不再對我展示親切熟稔的微笑了。我童年的小窗已經被父親拿塊木板，活活的釘死了，那個小窗給我的記憶是那麼近而又鮮活，我和堂兄弟們曾在那上面演過布袋戲、唱過歌，和鄰居的小孩打群架時，就在它的下面商量過計策。許多許多金黃色的夢，我們都曾在那裡紡織過，許多許多眼淚，也曾在那裡哭過，好長好高的笑聲，我們更是在那裡開懷過。而今，它將要在電視機驚人的肺活量裡成為廢墟，它的衣鉢捧在我們的手中，沉甸甸的心情，我們再也傳不下去了。

我們國家未來的主人翁，他們不再選擇泥土，他們一個個走過去和電視機做長長的握手，他們寧願圍著它聽它講故事，也不願走出去枕著星色入夢。於是，老祖母口中的虎姑婆慢慢死了，一入夜，古老的街道就失去了孩子的笑聲，人們都走進屋裡看打打殺殺你愛我恨的連續劇，街道只好把它溫柔的胸脯讓給沉重的貨櫃車任意踐踏著。

小村在改變中，在進步中，最香最甜的泥土再也沒人匍匐撫摸了，我們的孩子開始做乾乾淨淨的文明孩子，那些在泥巴中打滾的野孩子不見了。童年王國的衣鉢已經傳不下去了，濟公堂上演的歌仔戲也科學化了，嘈雜的錄音取代了人的演唱，觀衆也稀少了，只有幾個老頭蹲在牆脚，靜靜的看著。小時候，爲了看歌仔戲，我們每每在瑟縮的寒風中流著兩條鼻涕，爭相佔著位子。如今，這一切，在已經逼近的文明的脚步聲中逐漸往後退回去。

退回去，一切都在式微中。藍色的天空迷漫工廠的黑煙，清清淺淺的小溪奔流著工廠的廢水，寧靜古典的夜裡不時傳來吵雜的機器聲，人們的脚步變得匆匆忙忙……。美麗的小村變醜陋了。

我心中的王國也死了。……

沒見到妳以前，我一直想著所有的衣鉢都要在我的手中破碎了，就像每次在不眠中想到我童年的小村那樣令我失望。終於，妳來了。和我一樣熟悉泥土，我走後，我的衣鉢就要讓妳來接下了。

傳統的衣鉢就要傳下來給妳了，我是那麼信任妳的才氣，相信在文學上妳能造成一個比我更高的顛峯。相信廣告科這枝文筆不會在我手中凝固，再也找不到人可傳，這枝筆，歷經若遠、凡靈、牛鈴，一直到我手中，它一直是那麼燦爛又輝煌。四個朝代的榮耀與希望，它們就要加晃到妳的身上了，做爲接棒人的妳，心情上該有幾許熱烈，幾許熱血在澎湃吧！妳要好好努力、好好衝刺，我會是且永遠是第一個站到前面支持妳的人，我們都是那麼熟悉泥土，我們的心都沒被文明汚染過。我們的靈犀那麼敏銳，一向我都在打勝仗，我從沒做過逃兵，童年的王國雖然在鋼鐵的陰影下渙散了，但我絕對相信，在我們的心靈深處自有一處絕美的遠景，我們都要嘔心瀝血的將它呈現出來。這枝千秋的大筆就要握在妳手中了，我是那麼安慰，有一天，我們的名字都會被齊齊的寫在文壇上，這不僅是希望，而是一分期許呀！

比起我，妳是幸運多了，在嘉商三年中，我只遇到寥寥的一兩個知音，卻受盡了傷害。我不怕曲高和寡，但却怕那些無言的傷害，我表面上那麼堅强，內心却那麼無依。雙手握著上個朝代傳下來的衣鉢，又那麼惶恐將它弄碎了，因此，只好更加謹愼的放牧自己。妳那麼幸運，一進來就有斐宜和妳並肩作戰，就有人盡心盡力來指導妳，那像我一直獨自在摸索中，一直在走著迢遙的路程。

有一天我會回過頭去默數我的心酸的，曾經瘋過鬧過，但就是不曾快樂過。妳也知道也對我說過：「老師你好像都不快樂。」妳聽過厨川白村說過嗎？文學是一種苦悶的象徵。不快樂代表的不是悲觀消極，而是表示妳心靈的觸鬚伸得比別人遠比別人深入。別人看到的只是事情的外表，而妳卻看到了它的內在，無須在乎別人的看法，摸過泥土的手那會不眞實呢！

妳不僅要接下這個傳統的衣鉢，妳和斐宜更要挑起我這付沉重的擔子，我們都不孤獨，我們都在。

好好踏穩妳的步伐，好好和斐宜牽緊手，我寂寞的走來又要寂寞的歸去，如果我是群星中的一顆，那不是光芒四射的一顆就是最黯淡的一顆了。有斐宜與妳同行，路途就不再迢遙了，不要像我，永遠都是一個獨行俠。

握緊妳手中的泥香呀！妳要馬不停蹄的努力下去，泥土是我們最溫軟的母親，我的衣鉢已經由妳秉承下來了，希望在妳將它傳到下一個繼承者手中時，五個朝代的光華會在暗夜中綿綿不絕的放射著。

（寫於一九七九·十一·二十）

# 白鶴們

我已經習慣擧首去凝視那一汪藍天了，在靜靜的午后或是暗香浮動的夜裏，遙想妳們會輕輕的出現，緩緩的展翅向我飛來，時時有最初的喜悅掠過，又倉促的跌下去。使我誤以爲是置身在蒼翠的山中，或立身在水中央。蒼蒼蒹葭，瑩瑩白露，山澗、樵夫、平沙、輕風，眞是有說不出的適意。

我是那麼嚮往稜銳偉越的山和波瀾壯濶的海呀！許多個暑假，我都是在義竹鄉這個小村莊上消磨掉了。少年的我，那麼愛幻想，腦袋瓜裏有擺設不完的瓊樓玉宇，有得意忘形的江湖俠情，它們老是閃著逼人的光采，一步又一步的走向我，一波又一波的向我覆蓋過來。七月過去的時候，只要走到公墓那邊（我的老祖母安睡在那裏，每一次我都忍不住跑去看她），我又誤以爲我又在漂泊了。風是那麼飄逸，陽光是那麼耀眼，公墓的野草又濃濃密密的爬滿墓庭，把一塊塊的墓碑掩住了。我是那麼孤獨那麼無依，整個小村子，像被盜匪洗劫過了似的，一個行人也沒有。白鶴們，那時我才十七歲，衣衫單薄，孤獨緊緊咬著我不放，我眞的那麼嚮往流浪呀！

我是那麼季節性的無奈著，暑假裏，甘蔗才長到我的肩頭，小火車還擺在老遠老遠的地方熟睡著。可是可是，白鶴們，每天夜裏我都彷彿聽到屐履敲擊著鐵軌的聲音，從遠遠的方向，來到我的夢中。

我忽然忘了我把屬於我自己的歌遺落在那裏了。

我每每神經質的感覺到有人在遠遠的地方喚我，呼聲急促的傳來又匆匆的散去。

有人喚我的感覺深深的蟄伏在我心中，它壓迫我，戕害我，使我永遠保有一份曠涼的歡愉。那時小村裏正流行著洪小喬的愛之旅：「風吹著我像流雲一般，孤單的我只好去流浪……」一些小學生隨著音樂大聲的咆哮著，不知在吼些什麼。有時三三兩兩從我的身邊跑過，嘰里瓜啦的像栥鵝仔叫，吵得好不煩人。白鶴們，少年的我是那麼嚮往一個不知名的地方呀！夜半，常常驀的攬被坐起，這次眞的清楚的聽到了，有人徐徐的喚著我的名字，那麼細碎又那麼輕柔，等我披上衣服推開門跑出去，又嘎然停止了。只聽到壁上的掛鐘滴答滴答地擂在子夜的胸膛上，白鶴們，我是如此的好想哭呢！那裏才有我甜蜜溫馨的短歌呢？

白鶴們，有一次我眞的那樣離家出來了，坐著我的輪椅往北的方向直直走去。

大暑的太陽像滾過火的針一般扎著我，皮膚都因爲過度的暴曬，隱隱作痛起來。汗水拼命往下掉，衣服都汗濕了，風一吹，一股酸臭的味道眞令人作嘔。

往北的牛車道上，一個人去流浪是多麼甜蜜呀！義竹鄉這個小村上實在也有它美妙的地方，天空是那麼寬廣而亮澄澄，雲朵是那麼舒卷可愛，少年的我卻是那麼孤獨寂寞。

不經意的，我走到一個全然陌生的國度，白鶴們！彷彿我心中有一排排的樹，它們直直的站著，高高的擧著手臂，不停的揮舞不停的叫囂。白鶴們呀白鶴們呀！這時，我眞的好滿足眼前的世界。

白潔的陽光汪洋滿地，原始的田野，不知名的鳥啼從甘蔗田裏傳來。在如此遼濶的綠地裏，比生更華麗比死更悲切的自覺支撐著我，使我開始對生命感到疼痛。原來萬物的生長原是有它動人的地方，縱使孤獨也是一樣的。

我尖著嗓子叫喊。我拼命的吼著。

後來我鑽出牛車道，停在一座水泥橋上，橋下是淸而亮的小溪，成群的吳郭魚悠然的游著，嘴裏普普魯魯吐著氣泡。太陽已經慢慢滑下去了，向晚的霞光灑在對岸一條鐵軌上，白白花花的令人感到迷惘。鐵軌從蔗田那邊彎過來，跨過橋頭又消失在地平線那端。白鶴們，十七歲的我老是在無謂的傷感中迷失，我只想找到喚我的聲音，我只愛雙手壓垂我的帽沿，沿著鐵軌的碎石子一路走去。

十七歲的我心中已做過無數次的流浪了，直到那年，客運的班車載我到山城，踏青在植物園林蔭最盡頭；春來，悠悠的春水淌過石縫，帶來斑駁的苔靑。秋去，讓鞋尖點響木葉，到忠烈祠去感知一點生的偉烈和死的美艷。我走過淒冷的煙霞裏，走過歷史的倏忽中，一個人孤單單壓過小而美的彌陀路，去享受寂寞。

我是那麼執著那點喚我的感覺，直到十八歲那年，在我生命的光中，那絲回響多眠宿醒又徐徐響起。那麼眞切的在喚我，那麼逼眞的撞扣我古老的心扉，白鶴們呀！猛然回頭，眼睛寫滿驚喜。我看見妳們正吃吃的喚著我，細細的叫我大哥，我高興得一下子跳起來了。很久以來，我一直不滿意我的生活，我一直怪我親愛的媽媽不該只生一個姊姊給我，想不到我一下子竟擁有那麼一大筆財富。我變得多麼富有呀！對於古今中外詩人們所歌頌的一個字——愛，神在此刻使我更貼切的感覺到它的純、眞。

此刻，我眞的感覺到，愛已經不再是一份過度的奢望了。

此刻，我眞切的覺得，世界之所以爲世界，乃是因爲有妳們的存在而存在。

除了感謝，我不知該如何告訴妳們，愛的貽果已在我心靈殿堂深處如彩虹般的併放。有時，我也慌忙的不知所措，我不知該如何來做好四個小女孩的大哥。就像點亮阿拉神燈的刹那，面對著煙靄裏徐徐上升的巨人，我錯愕得不知該如何來處理我的寶藏一樣。

我是那麼努力的在盡我神聖的天職，企盼用全然的一顆心去呵護妳們長大。雖然，妳們也曾經重重的傷過我，但我一直相信，我們是有其一脈相承的血統，它們在生命的年輪裏唱相同的歌——它們有時低迴得使人落淚，有時也豪邁得引人神往。把妳們的名字寫在星光和艷陽下，在仲夏夜的夢裏，我竟滿足得彷彿找回我失落的笛曲和花朵一般呢！

如今，在古老的義竹鄉，我燃亮一根紅燭，情緒化的看著流變的燭火，想著那一天妳們四隻小白鶴陪我去長堤上秉燭夜遊，或是去一片全然陌生的草坡上夜話。自一片沈甸甸的激情裏醒來，我安靜的渡過我十九歲的生日，心靈上擺滿妳們無言勝有言的祝福。我想這是我返回山城，心靈上唯一的依恃了。

何必一定要送大哥禮物呢？白鶴們，妳們給予我的已經夠多了，只要待我一如親生哥哥，不要使我赧顏於血系上和妳們的不同處，那不就是一份很好的獻禮嗎？神的恩典也會加冕給妳們，願一切美好的都屬於妳們。

當大哥伏案要來寫這些的時候，想著妳們都不在大哥的身傍，如果我寫漏了誰的名字，她一定要嘟著足夠吊滿三斤重豬肉的嘴來抗議大哥偏心了。我忽然想起，妳們是那麼悠然那麼高遠，純潔的心靈包容了那麼多對生命的熱愛，彷彿在展翅間也能遺塵忘世一樣。我想到了，妳們是四隻小白鶴，白白胖胖，在花與葉裏謳歌人生的四隻小白鶴。因此，我就這樣來叫妳們了。

妳們看到這些的時候，大哥也許正在翦燭想妳們的孤獨居熟睡，也許正在曉霧未散的橄欖樹下開懷暢笑，妳們都不要來打擾我。也許妳們會一個個的傳著看這篇愛的翦影，也許妳們其中一個會走出來唸給所有的人聽，當妳們都看完了，我希望妳們會說：「我懂！我懂！大哥的心事，我都懂。」

（寫於一九七九・八月・暑假）

# 逍遙遊

## 一、少年行

吾友！這一次，我真的說不出內心那份甜美了，那是一種多麼溫柔的撞擊，如果那也是一支走了調的老歌，我真要好好合十來感激譜曲的人呢？

在我的記憶中，常常寫滿水的流韻，秋天的水濺在淺白沙丘上，那麼清新含蘊，那麼婉約流暢。我的記憶裡也常常舖滿紫藍的山，長長的山徑飄滿落葉的意境，看起來是那麼空靈意遠，那麼厚重沉穩，我實在太嚮往那些綠遍天涯的意象呢！好想一個人住在山上；在山上感知時序的遞邅，春天裡枝頭的新綠；夏夜裡習習的涼風，偶爾在雨后擷取一點潤水奔流的迴響；秋天，在落葉千層的樹林裡探取一絲絲多之神逼近的跫音；多夜裡，在燃燒得逼剝作響的火花中展讀你們稍來的書簡；……我是那麼希望也那麼期待，只要一點輕微的盈握，就會將我的內心鼓盪得轟然作響。唯獨這一次，我心中的山稜退隱而去了，我胸懷裡的萬頃清波在默默裡平復下去了。天是那麼藍郁，風是如斯的柔軟可愛。我懷著一種異樣的心動踏青在鄉間的小路上。

我常想，莫非這是一個夢境，在夢中造物主對我展示綺麗的豐富與神奇，整個人像被覆蓋在繁花綠葉當中，在呼吸間都是滿腔滿腹的清香。那時剛過完中秋節，班上舉辦了一次郊遊活動，要到莿桐鄉黃毛的家裡玩，晚上到中沙大橋賞月。我清楚極了，在抉擇中也是好友推了我一把，使我勇敢堅毅的走出來，使我那麼清晰的面對著自己，不再擔憂我的肢架會在途中斷裂，不再憂慮我走不完那麼遙遠的路。

青春結伴少年行，吾友！吾友！還有什麼事比這更悠遠呢？還有什麼比這更富於情調，你能想像到二十幾顆意興遄飛的心那麼純眞的微笑著嗎？你能聽到二十多雙脚正爲奔向一個陌生的小鄉鎭，輕輕的旋舞著嗎？你不能，你不能，除非你也會在微風怡蕩的午后，和著一群朋友那樣狂歌過；你也曾走進那麼深的夜裡，盈滿了整襟袖的泥香。

那個星期六下午，我們在公路局總站擺成了一條長龍，車子進站時，便嘻嘻哈哈的擠了上去，一下子就擠滿了。我們的笑，我們的愛，我們年輕的心，隨著車子在公路上奔馳著跳躍著，彷彿不關緊車門，誰就會蹦的彈出去似的。吾友！我的心中充滿欣興，好希望你也和我們在一起，你就坐在我的身邊，和我一起享受著一頓豐渥的笑聲。很長的一段日子我們不是都在一起嗎？我們在一起做過莽原也做過山的夢，我們在一起描繪著過往也雕刻著未來，我們在一起檢視著短籬白花，也曾在素靜的花叢中對著藍天傲笑著。如今我用最美的感情來幻想著我們同在，幻想著你的聲音距離我最近。

我坐在一個胖子和一個瘦子當中，很强烈也很滑稽的對比，車子往右彎時，胖子渾身的肥肉就那樣排山倒海的覆壓著我；車子往左轉時，瘦子的骨頭又扎得我隱隱作痛。這麼新鮮的印記，它們清清楚楚的烙在心谷裡，密密麻麻的寫著愛。吾友！還有那一個字比「愛」更深更重呢？生活裡儘是歌聲和愛，如今，它是那麼貼切的走入我懷中，那麼耀眼的對我潑面打來。活著多美好呀！只要有歌聲的地方就有希望，只要有愛的地方，一切怨毒疾苦都是可以釋懷，可以遺忘的。

不久，我們就唱起歌來了，神采飛揚的唱著民歌，偶一抬頭，眼睛落在田間的阡阡陌陌上，用晶亮的瞳仁去金黃的稻穗裡搜尋著秋天的足跡，秋天是用成熟和淒美飾綴成的。此時，你的滿掌是否都盈滿欣喜呢？我總在這時想到夏令營裡那個女孩，你也看過那麼純的女孩嗎？完全是活在自己的夢中，她的夢就是她的人生，她的夢是那麼眞實而善意的裎露，無需用什麼加以掩飾。你相信嗎？一個人活了十九年，不知道稻子的形狀，不知道甘蔗生長是什麼樣子，世界對她是那麼陌生而又充滿新奇。上次到月世界，她就拉著我問東問西，看她那麼興奮那麼儘情，我就忍不住感動。

我是如此的多感而念舊，往往一個小小的撞擊，就讓我大大的感激神的恩典，神的存在。在晦陌的環境中，我往往容易去記取那些特別醒亮的星顆，以後，我一定要好好的信一個神，用全部的愛去感恩祂。

車子經過斗南時，小張忙著找尋她的家，忙著指給我們看，我們迎起來，匆匆的一瞥裡，我們在逐漸模糊的視界裡看見她的家她的母親。在直覺中，彷彿她母親的臉也貼在車窗上對著我們笑。

現在，我是一個多麼喜歡家的人，吾友！你也曾經那麼圓熟的企望去擁有一個愛情的家嗎？讓我們年輕的心激動著，猛抬頭，眼前赫然是用繁花織就成的小屋，由得心花在裡面嘩然迸放。然而，這還是一個流落了的夢，我還是一個那麼平凡而又有滿身缺點的人，我那麼平凡又粗鄙，我不應該擁有那麼厚重的恩寵。

走進莿桐鄉，遠遠的就看見黃毛坐在脚踏車上等我們，那種神情，儼然這裡全是她的地盤呢！

我們忙著笑著、跳著、鬧著。

我儘管平凡，我人生的色彩儘管淡薄，線條儘管不夠典雅，造形也欠缺完善，但我一樣有權來愛這個陌生的小鄉鎮。我那麼喜歡陽光，那麼喜歡和風，這裡已具備了這一切。吾友！吾友！思想就那樣飛開了，這裡的一切已佔去了我的記憶，它伴隨著夢影，團團的圍繞著我，使我在心中不由得微笑起來。

阿熙騎著鐵馬載著我時，我微酩的飲著薄薄的稻風，我想著以後要好好的生活下去。吾友！活著多好，在這樣響叮噹的晴朗裡，似乎有一隻藍眼瞳的小狸貓偎在身邊，連思想都變得斑爛了。吾友！這部脚踏車咿咿啞啞的奏著動人的田園音樂，我們就要儘情的唱下去了。

走在鄉間的小路上
暮歸的老牛是我同伴
藍天配朵夕陽在胸膛

紛紛的雲彩是晚霞的衣裳……

## 二、秉燭夜遊

我們在一座很田園風的瓦屋前下了車，吾友，那是何其神妙呢！我喜歡風的絮語，喜歡那一支支圓滑的輕歌。沒想到，瓦屋旁邊儘是一叢叢的翠竹，風在竹叢裡拉奏的弦歌，竟是那麼繁富。吾友！你也曾醉心的聽過那麼怡人的音樂嗎？有一天，我要選擇最輕柔的長夜，將自己化成一個金蛹，好好的在它的懷裡睡著。

同學們都到齊後，忽然有人喊著要去釣青蛙，大家發一聲喊，忙著找竹竿，挖蚯蚓，輕輕踏著舞步旋舞在草綠的田埂上，年輕的笑聲點綴在稻浪裡，那麼金黃那麼豐富，在薄薄的夕暮中，這是何其幽美的圖畫呢，好希望在這時成蛹化蝶，然後躺到最深的夜色中，去紡織一個彩色的圓夢。你知道嗎？好多好多的夢都像舷邊的水紋，漸行漸遠了；好多好多的理想，都像黎明的街燈，一盞一盞謝了。但我還是很自信的守候著，深信有一天幸福的靈光會在我心深處一明一滅閃爍著。

忽然有人喊著釣到了，激昂的笑聲高高的傳來，好像是獲得什麼寶藏呢！這是多麼甜的周末，每一個都那麼盡興，吾友！有一天你也應該來兜一野的笑聲回去，我好想好想找出誰的笑聲最膩口，我們要想出一個名字來封給她。

很久以後，我們才拿著竹竿，笑笑鬧鬧的走回去。這時天色已漸次的暗了，一點薄醺，那麼輕輕的抹在西邊的天空，我和阿生阿熙阿孟他們從人叢中走出來，緩緩的踏在另一條田間的小路上。晚風柔柔的拂動著衣角，內心裡一汪寧靜海，好悠揚好悠揚的靜，從遠方悄悄的傳遞到我的心中。所有的思念，都張著小小的圓翼，在我的心扉裡悄聲的撞扣著。吾友吾友，在那個陌生的小鄉鎮，我好希望做一個平凡的夢，夢見那些親切的泥土化成了一隻一隻的彩蝶，然後飛到你的夢中。

吾友，有時好想你的名字，此時，如果你與我同在，我一定要用最美的語言來喚你。

走了一段小路，黃毛已經派一個小弟來催我們去吃飯了，我們快步走回去，遠遠地就感受到那種鬧烘烘的氣氛。多麼難得的一夜，二十多個人圍著一張長桌吃飯，除了這份眞這份美，還有什麼能覆蓋我呢？有些惆悵有些悒悶，在此時，我可以轉頭過去對它笑了笑，揮一揮手，再見！再見！煩惱都離我遠去吧！

吾友！我的人生在這時可以清朗許多的，到現在才發現自己也那麼幸福，對於那些愛著我也被我深深愛著的人，這才對他們充滿歉意。好對不起他們的關愛，很長的一段日子我一直那麼晦暗的生活著，在接受與給予之間我常常不懂得好好加以把握，我常常忘了繁華自己卻讓自己逐漸枯槁，下次，我非得好好掌握住一朵靈火，用它來照亮自己不行。

飯後，我們原本打算到中沙大橋賞月的，但黃毛的祖母不肯，她說：

「中秋節剛過，村裡的不良少年都回來了，而且現在又是晚上，怕他們到那裡故意滋事。」

吾友！雖然我們的計劃落空了，但我們並不沮喪。吾友吾友，我們決定去秉燭夜遊了，這麼舒緩的夜，我們就要走到它的心臟，聽它唱一支又一支的夜曲。

我們出發了，年輕的歌聲一句句的流溢出來，吾友，你可否感受到那一組又一組跳躍的足音？我們已經上路了，我們沿途放著衝天炮，看炮火衝進夜空，暴開，落下。我們慢慢的走著，心中是那麼逍遙，笑聲在風中轉著轉著，好像要轉回童年的歷史。吾友！好希望有一天你也能和我們一起守一個長遠的夜，走一段遙遠的路。

我從沒去想這是一段迢遙的路，我正想著我正在享受一頓年輕的盛宴，在這段路上，我凝神的編織著星華燦爛的殿堂，我眞的要好好的供奉一個神了。我的肢架得得的敲在地上，清脆的傳來廻響，第一次，我聽到它響的是這麼堅實。

吾友！如果此時你在我身邊，我眞的要好好握著你的手的，我要告訴你，眞的心情上還是可以變的，變得深沉些，自信些。上次你和我在夏令營重逢，我一直發現，你比我黯淡，比我老多了。我們都喝酒，但你還抽煙。有一個女孩子對我說，你很兇的吐著煙圈，她說你心情上很寥落。

我們走到一間很小的廟裡，大家散開休息，我走去坐在一個小小的橋墩上，聽琤琤琮琮的水聲，這些低微的水響多麼像芭蕾的鞋尖，很靈巧的點在我心上，吾友，如果你也有這麼一個駐足，你也會被它輕輕的感動著。你知道嗎？青春就是這麼美的藝術。

這時，我看到十幾個同學在廟前升起了一堆火，驀然，他們圍成了一個圈，手中拿著香火，在空中用力揮舞起來，口中朗朗的念著：

四脚神
四脚鬼
請你八月十五來吃白米飯
配滷蛋

張志仲的呼聲聽起來最起勁，原來他們在祭拜青蛙神，呼聲逐漸高張，一遍比一遍急促。感謝它們，他們又為這個柔柔的夜添上了一筆故事。

休息夠了我們又開始漫遊了，我們要到高速公路的天橋遠眺，我們要走一段很長的田間小路，吾友！我眞想不到我那來的勇氣走完它。走到一半，已經有人開始抱怨了，為什麼不把它當成一件浪漫的青春行，而要當做是一件負荷呢？我走在最前面，輕快的踏著。吾友！自從夏令營回來後我改變了很多很多，心靈上常常有一絲力量將我纏繞住了，我眞的好想念那個夏令營，那個思念，美麗而悠長，把我繫得牢牢的。成大那些無處不在的蚊子眞夠人流連的；有一天早上你陪我去寄信，結果被誤以為要逃跑，因此被抓了回去，我還以為他會將我們送去餵蚊子呢！吾友！我多麼希望有一天，我能夠到成大去唸書。

我們匆匆走到天橋，又匆匆下去了，回家的路程看來更遙遠了，我一直不記得我是怎麼走到家的，恍恍間只記得這雙病弱的脚一步又一步烙在這個陌生小村的泥土上，吾友！走到黃毛家時我始覺得身子漸漸沉重下去了，高胖子走過來拍拍我的肩膀說：「你的衣服全濕了。」吾友！我一直沒有感到我的衣服濕了，我走得那麼快，我從沒感到累。阿煕護著我走進去，經過他們身邊時，他說：「我們黃能珍在這裡創下了他的記錄。」我聽到他們的掌聲，吾友吾友，我相信著，我相信著，在冥冥中一定有一個神。

（寫於一九七九年）

# 武林之花

就業班

終於升上五年級了，我和阿輝他們打心裡直歡呼起來，從此，我們可以堂而皇之遷進那棟新蓋的大樓了，嘿嘿！連走起路來胸脯都挺得高高的。為了表示慶祝，一下課我們幾個兄弟都擠到一年級旁邊那間破爛的福利社，買了幾包瓜子，邊走邊嗑，隨手把殼亂丟得滿校園都是。阿輝一邊笑著一邊亮起那顆山東饅頭來說：

「哈！高年級了，那些糾察隊敢來管我，我就叫他扒到地下吃大便。」

崑崙他們開始逃課，背著個小書包躲到學校旁邊的土堤那邊抽煙。

我和阿輝都是立志要當遊俠的，所以我們很不喜歡崑崙他們那種人，我覺得他是武林中的敗類。

他們常常喜歡去偷掀女同學的裙子或者午休時去偷摸女同學的胸脯。有一次阿輝氣不過約他下課到土堤上幹架，每人各帶了一支削鉛筆的小刀，用石頭磨得雪亮雪亮的。我好怕好怕，我以為他們眞會殺起來。

那天他們果然打了起來，崑崙到底不是阿輝的對手，兩三下就打得他逃之夭夭。

班上的男生都變得很愛打架，不愛洗澡，耳根後面黑糊糊的一團，走到他們身邊都能聞到一股很强烈的汗臭味。女生們都很愛說話，吱吱喳喳，像一群麻雀，也很愛哭，老師稍微一罵，就唔唔唔唔哭起來，眞是不要臉。

我開始迷戀武俠電影，每星期六都要和堂兄弟買三顆機器饅頭，躲在電影院痛痛快快啃個夠。看完了電影再拐到書店去租漫畫書。

我滿腦子都是遊俠的夢。

爸爸不讓我讀國中，我樂得逍遙自在。

在學校我們最喜歡去找最「恰」的女生吵架，罵她「三八」「阿花」「圓仔花」「喇叭花」「恰查某」，把她罵得哇哇的哭了。我們也最討厭我們班長，長了一副小白臉的樣子，只要跟女生講話就是不理我們這些男生，哼！有什麼了不起，男生愛女生。

我漸漸喜歡去坐在八掌溪的土堤上，早熟的心扉正在唱一支支不知名的輕歌。暖洋洋的南風拂在臉上，呵！說不出的柔情，說不出的迷醉。我忽然不覺得我才十三歲，我覺得我已經大得足夠去經歷一個愛情故事的情節了。唉呀！怎麼可以呢？我是要當遊俠的，遊俠是不爲臭女生動心的。

坐在土堤上，心中就疏懶下來，小小的腦袋瓜子也不知在想些什麼。好像很遙遠，也好像觸手可及。白潔的陽光潑在黃黃的沙土上，亮晃晃的有點刺眼，夏天被延了來，八掌溪的水就豐滿了。我最愛坐在溪邊看那些吳郭魚悠然的游著，有時也會有一尾大肚魚仔興奮的跳出水面來。

有時候我會把整個下午的時間花在我的游俠夢上，只要一閉上眼睛耳畔就會被達達的馬蹄聲充滿了，我在課本上畫了許多長劍，上起課來心神都不靈了，像被什麼沒頭沒腦的蓋住一樣。

漸漸的，我游俠的夢瓦解了，阿輝正迷他的棒球迷得要死，整天帶著一根棒球棒到操場揮上揮下的，浪蕩江湖那回事他早忘得一乾二淨了。

自然課的方老師正帶領我們進入一個神奇的境地，我眞想當一位科學家。可是，我的數學那麼破，上學期平常測驗考了十多分才被老師狠狠打了兩個手心，整瓶萬金油都要擦光了還是痛得差點拉尿。這輩子我眞的恨死數學了。不過，我文科倒是挺厲害的，課文我都可以倒著背，我還背了許多唐詩，也看了不少什麼演義之類的書。爸爸最不喜歡我買書看書，我就偷偷的買偷偷的躲著看。

老天，我眞的不知我應該立志去當那種偉大的人物好，游俠？老師？科學家？文學家？總統？或者 國父呢？

我眞氣中外歷史上那些偉人，所有的偉大都讓他們當光了，以後我還能當什麼。

日子追隨著日子，在我心中嘩嘩的蜿蜒成一條小河，我好像在經歷一個重大的轉變，小小的年紀，似乎變得善於感動。

仲夏的夜裡，我心中好像正在蘊釀一組圓滑的弦歌。

遠方的綠地濃濃的煽惑著我。

我的胸脯逐漸感到疼痛，聲音也變粗了，像一隻菜鴨子在叫。

少年的我，應該去夢一個綴滿小星星的好夢的，可是，我的夢在那裡呢？

阿輝他們也變得野起來了。一陣西北雨過後，八掌溪淺淺的唱著歌。一片黃葉飄落水面就像一葦船輕悄悄的向大海滑去了。哇哇！觸目所及皆是滿野的新綠，好想把那些煩死人的課本丟到廁所去，然後跑到竹林裡睡個夠，就是這樣會變成一隻驢子我也甘心。溪水一漲阿輝他們便跑到溪裡去游泳了，班上的女生有時也去撩水，美麗的小女生，甜美的笑聲，那麼嬌滴滴的，把我心裡充塞得喧鬧起來。

後來，我倒厭惡起這種夢遊似的生活了，我趕快去找阿輝他們，鄭重地宣佈我要暫時退出武林，我是立志要當偉人的。不能轟轟烈烈的生也要壯壯烈烈的死。雖然我實在不大懂得　國父說的「要立志做大事，不要做大官。」不過我知道，要想當偉人就要好好讀書的，而且我如果無法再保持全班第一名，就得不到那些小女生的青睬了。

我眞的捧起書本大聲的讀下去。

我眞的忍著撕破課本的危險，耐心的演算起數學來。

夏天變得很喧鬧，老天，窗外的蟬聲又在勾引我，我眞怕我會發瘋了。

武林之花

最後，還是老師救了我，當老師宣佈要進行補習後，我有種大勢已去的感覺，反正國中也沒法讀，要補個大頭。乾脆什麼都放棄，選個濃濃的夜色，去儘情的瘋個夠。

夏天正深，風吹樹搖，白瘦的雲在天上踱著緩步，啊！眞是太神妙了，我喜歡迎風歸去踏著薄涼的微風，裸露著小小的手臂，那是一種稚幼的激情。我喜歡找班上漂亮的女生講話沒緣由的感到心裡頭好迷醉。我也喜歡在紙上寫上那些我喜歡和我討厭的人的姓名，然後在每個我所討厭的名字上吐　一口口水。

我像一頭脫韁的小野馬一樣，毫不猶豫也近乎盲目的往前方衝刺過去。

我感到再也沒有人管得了我了，我就是我。

我開始和阿輝他們放學後，跑到車棚把那些兇巴巴的老師狠狠的臭罵了一頓。

我還以爲我已經完全脫離升學的桎梏了，可是，有一天，導師找上我了。

他說，你爲什麼不參加補習！有什麼困難嗎？不升學你這麼小出去能幹什麼？你那麼聰明不讀書太可惜了。

他一連串的爲什麼問得我頭都要低到地板上去了，兩條手也不曉得應該擺到那裡去才好。最後只得同意他先去補幾天試試看。

要離開這個就業班要離開阿輝他們，我心中委實很難過的。放學後阿輝背著我爬到樓上那個升學班，我緊張得手掌都出汗了。老師把我安揷在後窗戶旁邊，我忽然害怕起來，恨不得書包背著趕快逃離這個鬼門關。過了幾分鐘教數學的翁振樂老師進來了，一上講台就寫了幾道題目要我們做。老天，我忽然想起我嚴重的近視。近視是我最大的秘密，這是萬萬不能讓人家知道的。否則一定會叫人笑破肚皮了，而且，要是爸爸知道了非把我那些課外書燒光了才怪呢？

我實在不曉得他在黑板上畫些什麼鬼畫符，視界裡一片模糊，尤其天又黑又暗，兩盞日光燈實在是不夠光線的。我只好一邊猜一邊創造發明，在白紙上亂塗一番，最後乾脆在上面畫起人頭來了。又過了一會，他已經在點人唸答案了，我一把冷汗一把冷汗的流著，身上像一群螞蟻在爬一樣。點到我隔壁時我幾乎跳了起來，眼皮眨得很厲害，這種可惡的補習班，天啊！我眞是恨死了。那個數學老師，我眞想把他推到樓下去。

我到底沒有被點上，鬆了一大口氣，重重的靠在窗上，窗外的風聲又流進我的世界來了，我實在不適合來受這種活罪的。校園裡的花是那麼香，小鳥兒在枝頭唱著婉轉的歌，我的兄弟都在樓下啊！這個地方是多麼陌生。

忽然我聽到有人在樓下喊我，我偷偷的開了半個窗子，只見阿輝和耀東堂弟圈著手對我說再見。

我終於決定了我終於決定了，屬於我的夢不在這裡，我的王國裡儘是小小的流水，涼靜的晚風，一隻隻飛鳥。鬼屁補習班，去你的頭吧！

第二天我逃難般的下來了，我已經打算老師如果再問我爲什麼，我就裝啞巴。

下來後，我就跑去和阿輝坐在一起。

南風吹來，夏日裡寂寂的小村正亮著黯淡的燈色，竹林裡正流浪著一片醉人的濤韻，十三歲的世界裡，我的心中也在輕唱一支戀歌。

可是可是，屬於我的女孩在那裡？

我的成績開始退步了，首先從第一名退到第三名，後來又從第三名退到第五名，最後連第五名都沾不到了。不過，這也不能怪我，老師太現實了，他們根本就是把就業班放棄了，一學期下來一本數學居然還有半本沒講，我眞想把那個數學老師狠狠的咬一口。

最後，我乾脆也放棄數學，一拿起課本就重重跌入幻想裡。

這時我又認識三個人，臭脚仔、耀邦、大胖子，而且沒有多久就和他們好的要命。

臭脚仔他們住在角帶圍，他常常騎著脚踏車推著我的輪椅到他們村子去；我們也常去尼姑婆廟那兒像野獸般大吼大叫。義竹鄉這個小村子眞是迷人，月下，草間，總是有一種幽柔的調子在輕盪著。南風常常會翻過短籬，到我的窗扉外流淌徘徊。啊啊！少年的我，眞想走出去睡在夜色的中央。

有時，我心的幽谷也會幽幽升起一縷寂寞的輕烟。十三歲的我到底愁什麼呢？我漸漸的喜歡星期六下午跑到公墓那邊看我的老祖母，手中拿著一朶蒲公英，坐在墳頭上用力吹著。吹呀！看著蒲公英的種子飛上天空，心裡沒緣由的感到興奮極了。

當我獨自躺在學校茵綠的草坪上守望南方第一顆早星，也有些許迷茫的感覺，心裡頭不曉得在低喚著誰的名字，那樣熟悉又陌生。而且我常常想起蔡小秋她們那些無憂的小白鳥，偶爾夏夜裡雨聲不斷就夠我好好想的，我眞的不蓋你，我的眼前經常浮起她們跳圈圈的影子，有時想著想著我都神經病似的笑出聲來。

可是，屬於我的女孩在那裡？

我的小白鳥呀！妳飛到那兒去了？

阿輝、耀邦、臭腳仔他們常常跟踪班上的女生去她們家，有空就到她們家前面的馬路走來走去。我們都變得調皮又愛開玩笑，有時中午拿著粉筆溜進廁所在牆上大書特書：××愛××，××是大豬哥。崑崙他們更是爬到廁所的門上去偷看人家小便。

功課那回事，早忘得一乾二淨。

有一天，一個爛漫的早晨，補習班下來了一個小女生，我們這些男生開始神經緊張起來，她成了我們注目的焦點，我逐漸有了許多許多的煩惱，像小星星一樣，在暗夜裡對我眨著小眼睛。

## 戀歌

那朵武林之花，我一直不曉得她叫什麼名字，她是五年三班的，臭腳仔他們班的班花。我也不敢問臭腳仔，我會不好意思而且臉也會紅，整天只是蹩在心裡，也不敢看她，只是等她走過以後偷偷的瞄一下背影。美麗的小女生，我的心撲通撲通跳得很厲害。我沒有看過她，不過聽阿輝他們說她很漂亮我就喜歡上她了。終於！終於！我聽到她叫翁寶玉了，我眞是高興得想死，趕快翻開課本找個隱密的地方偷偷的寫起來。

耀邦他們一下課就過去找她相罵，我看了眼睛都紅了，眞是又羡慕又嫉妬，只好在心裡頭咀咒他們是一群大豬哥。

教室變成菜市場一樣，校長來罵過好幾次，而且抓了幾個去走廊罰半蹲。

幾天後導師爲我們重新排坐位，老天啊！翁寶玉她竟然調來坐在我前面，有一次她轉過來向我借一本課外書，我的眼睛看到她的眼睛，這是我第一次遭受觸電。從此，我把家裡的課外書都搬到學校來了，我一直期待著她的借書。

以後我常常去蹲在土堤上看白雲，心裡頭好煩惱。以後，我覺得有團烈火在我心中熊熊的燃燒著。

有一天我們十幾個小男生又計劃放學跟踪她去她家了，她一背著書包走出校門我們就緊緊跟著。走到濟公堂那兒時卻被她發現了，她拔起腿來奔跑，我們一邊發怪聲一邊沒命的追著。剛剛下完西北雨，路上東一處西一處的積水，大家全顧不了這些，連奔帶跳的追過去，白上衣、短褲、布鞋都濺滿了泥漿。大胖子一個不小心，在泥水中打了個滾，變成一個泥人了，大家都哈哈的笑了出來。翁寶玉和劉春佔著熟悉地勢，到處躲躲藏藏，眞的有點神出鬼沒。

最後她終於被我們追到家裡去了，她一直罵我們神經病，說她要告老師。

第二天翁耀邦他們又找她相罵，整座教室鬧烘烘的，大家正在得意忘形，柯老師躡脚走了進來。

他首先看到翁寶玉旁邊擠滿了人，就厲聲叫她站起來，罵她不守規矩。她哭了，而且咿咿啞啞一把鼻涕一把眼淚的把昨天下午的事全盤說出。老天呀！我眞是嚇破膽了，昨天的事我也有份，這下子可慘了。我心跳得很厲害，滿臉漲得通紅。她一個一個的指出來，我想，如果地下有個洞我不用考慮也會鑽進去。可是，她一直沒說出我的名字，我一直沒聽到「黃能珍」三個字。

老師把他們拉到講台上，慢吞吞的用台語說：「你們眞會呀！這麼細漢就會做豬哥，這麼細漢就會追查某。」然後一人重重的打了一巴掌。

我感到心裡好歉疚，眞想給她寫一封信，告訴她我錯了，請她原諒。

可是，幾天以後她又去補習了。

從此，我往往會選一個南風吹的下午和堂弟從她家門前走過，我每每愛站在濟公堂前面的大王椰樹下遠遠的望她的家，我好希望好希望她恰好推門而出。

我好希望好希望我還能夠再遇見她。

（寫於一九七九年）

# 離家三百里

## 離家三百里

那年冬天特別冷。

那年冬天我開始有了許多小小的煩惱，當我獨自坐在溪邊，聽北風風舞著十二月的林子，風舞著清冷的流波，我眞的是好想爬到高高的橋上往下跳下去。可是，我知道，我是極怕死的，死需要極大的勇氣甚至需要用一生來準備。我又那麼怕鬼，我倒是希望變成千年的老妖怪或是修鍊成仙，這樣就不必和閻羅王打交道了。

升上了六年級後，我變得不愛吵不愛鬧了，只是常常有那種莫名的蝕心的痛楚困擾著我。有一次，我在抽屜裡無意中發現姊姊寫給姊夫的一封信（那時他是她男朋友），信中提到「自殺」兩個字，我眞的被嚇壞了，我彷彿孤立在冷雨烽煙中，內心不停的打顫。

我曾經那麼清晰的被死震撼過，我曾經眼看著它跨過老祖母的身上，奪去了她痛苦的一生。「死」，對於這個字我是畏懼而顫慄的，不願也不敢用力去想它。

老祖母的死對我是一項嚴重的打擊，這個悲劇性的老人，年輕時一直和飢寒貧苦交戰，老年卻因爲孫子負了一些賭債，她爲了代那個無情無義的孫子向要債的求情，摔跤跌斷了腦血管，以致於晚年一直生活在病榻上。

我常想，到底是什麼巨大的手才能接去那麼强烈的愛呢？到底是什麼嚴酷的狠心才能剝奪那麼慈祥的老人蒼涼的一生呢？

蓋在祖母屍體上那條白色的布幔，在我眼中是如斯厚重而神秘，我無法跨越它也無法觸摸它。

也許，那時我是太小了，心中旣浮躁又喧囂，思想常常在各個點上浮游，老師偶爾會罵我心不在焉，把我從夢遊中狠狠的拉回來。因此，我覺得，許多問題實在太大太大了，我無法專心去揭開它的謎面，祖母的死想必也是一樣的。

我們都漸漸的長大，有時驀然回首，看到自己是那麼陌生，聲音變粗變沙啞了，臉變長變醜了，手腳變瘦變黑了。壞同學與好同學明顯的在我們之間劃分出來，我們代表的是正義的一方，崑崙他們是反派的角色，大家一言不合便罵起來，罵很粗很粗的三字經，粗得令人不敢聽。照樣的，先是彼此打起來，然後又得挨老師一陣打，這在女生面前眞是一件丟臉的事。

大家心裡頭都像有什麼怪物在爬著一樣。個個都好動而不安，彷彿一群麻雀。女生們也變得文靜多了，除了一兩個天生要當火雞母的外。她們有的胸前已經長出了兩顆小桃子，以致於走起路都要彎腰駝背，以防萬一被人發現身體上的異樣。有的書包裡都藏著鏡子梳子，一下課就躲在樹下奚哩嘩啦梳個半天，眞是臭美。

我們最看不起補習班的同學了，他們除了啃書以外還會做什麼呢？身體好像營養不良，滿臉的菜色，有很多已經從鼻子上砌起了一堵牆。臭脚仔最愛罵他們是田雞，或是眼鏡仙。其實，這時我的近視已經很重了，看起東西來都帶著朦朧之美，黑板上的字都要用猜的，我眞是恨死了，恨不得把這兩顆眼珠挖出來餵給狗吃。

春寒料峭，生理上這種轉變常叫我不安。

在蒼穹中，似乎有什麼達達的蹄聲沿著二月的土堤匆匆行來。偶爾偶爾，我會强烈的感覺到死亡的召喚。

我忽然喜歡去坐在一條芒草讓出的小路上，讓陽光像一組圓熟的音符，在我的眼前叮噹的響著。

十四歲十四歲，理想開始出發，我這棵小樹逐漸伸出手臂。在就業班，我的肺部緩緩的吞吐著整個中國的文學氣習，我漸漸確定我想走的路。

在學校牆邊那幾株紫蝶花上，在我擧首仰望間，我可以看見春天逐漸深了。臭脚仔他們已經在計劃未來了，他們說要去學「黑手」，而我呢？我開始惶惑了，我能幹什麼呢？畢業就像一顆巨石狠狠重重的壓著我。我想再唸書，唸很多很多的書，以後當一個偉大的人，可是，爸爸怎麼說呢？他說：「你應該去學一種技術，我是會老死的，我死了誰來養你呢？」

多少個沉寂的子夜，我那麼傷心的哭過。爸爸是不知道我在痛苦的掙扎中曾經留下一道比一道深的創痕的，他從未觸著深植於我心底的感情，他從不曉得當莫名的情緒湧上心頭，我是那麼黯淡而顫慄，那麼想死。他總是認為我對未來還傻呼呼的，其實，我想的比他更多更遙遠。

我從沒怨天尤人過，我的命不好我早就認命了。十四歲，泥香老早就遠離我了，我想得那麼多我失落了那麼多，我的際遇那麼坎坷，那般悽悽惶惶。一部童年的歷史，扣除了那些親情友情，剩下的是小孩子對我扔的石子對我的謾罵，這些創傷，絲絲縷縷整世紀將我纏繞。有誰知道我需要付出多少勇氣才能把持住自己，不致於使自己傾覆呢？

其實，爸爸講的也是對的，社會是現實而暗流隱伏的，我只是一個在象牙塔裡砌夢的小娃兒，生存的哲學我懂得多少呢？

最後，我決定庸庸碌碌的去過我的一生，只要能活下去，只要這雙病脚能找到立足之地，那做什麼都是一樣的。

這種決定並沒使我開朗起來，我的雄心是不死的，這種決定只使我更深的感到無根無依恃。這種情形下，在每個慵懶的午后，我去公墓的次數逐漸多起來了，整個下午坐在祖母的墳頭，聽時間的脚步從我的眼前匆匆飛逝。

有時候，我也坐著輪椅，到牛綢溪畔發半天愣，浮雲倒影在水中，一會兒又被水波剪得細細碎碎的。有時沒有緣由的坐在草坡上撫弄一株含羞草，看它的葉子張開又垂下，天啊！我竟然好想哭好想哭呢！

在學校，我們還是鬧得那麼瘋狂，像一群無憂無慮的小白鳥，好想比比看誰飛得最高最遠。

在我的靈犀中，過去與未來還在打著最激烈的戰爭。我彷彿掉入一個神秘的黑洞裡面，我正旋轉著急遽的落下，我的腳步變得凌亂而歪斜，我內心的投影變得恍惚而不實在。

我常常離開臭腳仔他們，獨自到很遠很遠的地方去流浪。風輕雲白，頭頂的碧雲天被一路的木麻黃切割成細細碎碎淺淺淡淡的星光。

然而，我相信人越是痛苦的時候也就是越接近成功的時候，世事也是這樣，瞎子都有可能撿到金子，你不能太悲觀也不能太絕望。

有一天早上，媽媽正背著我要進教室時在樓梯口碰到柯老師，他和媽媽談了很久，說的不外乎是我，最後他說要設法把我送到蔣夫人的復健中心治療病腳。以後他常常教我寫信給台北婦女會，不久就接到了檢查通知，又不久就接到了入院通知。

我突然感到好惆悵好惆悵，義竹鄉像萬把燈火，紛紛在我心中亮著，那麼凝定含蘊，那麼古老柔和，我不知怎麼才能離開它。我那麼深厚濃重的想著夜晚的街道，街道旁那種荔枝黃的路燈，路燈下的弄蛇人、小販。想著我家旁邊廣場上那些打拳賣膏藥的江湖浪人，那些戲子。想著濟公堂那邊的迎神廟會，想著那條輕吟淺唱的八掌溪，我常常夢見溪底那些大肚魚仔，牠們偶爾也會高興得跳出水面。

義竹鄉！義竹鄉！我怎麼才能離開你呢？

那天下午，臭腳仔他們都來送我，好多好多人，擠了整屋子，他們說：「珍仔，快快回來，我們會常常寫信給你的。」

晚上，媽媽背著我，爸爸提著行李，走到候車站。車子來了，我們跨上去，車子逐漸滑動，濃濃的夜色迅速的包圍過來，我把臉貼著車窗，心海裡有萬種激動。

當我再一次回頭，義竹鄉已消失在幾盞微火中。

## 當我們同在一起

車子走進寂寂長夜，山野漆黑如墨，有時轉了一個彎，會發現遠處一片燈海。我一直睡不著，一下子我彷彿遠離了我自己，是長大嗎？幾天前我還是一個毛毛躁躁的小孩子，我和臭腳仔他們還那樣瘋狂過純眞過。如今我已無法陶然闔眼，雖然心中還是一腔聖潔還是盈滿幽香，但我漸漸感到更已深燈已殘，悲涼的微火已悠然升起。

好久好久以後，遠處的山逐漸清晰起來了，車子已到了大台北，我忽然感到心好空好空，一絲絲微風就能將它吹散了。尤其是天空正飄著鵝毛般的小雨，秦觀有句詩說：「自在飛花輕似夢，無邊絲雨細如愁。」我忽然好想掉頭回家，天啊！家已在千山之外白雲之間了，我好想哭好想哭啊！

我不知道我何時才能再見到八掌溪繁花盛開的歡燦風光，何時才能看見溪底的吳郭魚普普魯魯的吐著氣泡，我的遊俠夢一下子飛遠了。

我不知我怎麼被帶進病房的，辦了那麼多手續已把我搞得心神恍惚了。心中除了被刀切割的感覺外，我什麼也不知道。

許久許久，爸爸才下決心的對我說：「我要回去了，幾天後才來看你。」

我一句話都沒有說，小手扯著衣襟，頭用力點著。

等他們走遠，兩行熱淚終於從眼角垂落下來。

中午，一位穿藍色工作服的阿姨用輪椅推我到圓中心，我看見好多好多小孩子，拄著拐杖，坐著輪椅。後來，阿姨推我去吃飯，晚上又推我回病房。我什麼都不覺得，我已忘了我身在何處。

幾天後，爸爸並沒有來，晚上躺在白色的病床上，聽火車的吼聲劃過長空，幾許澎湃的鄉愁在心中。遠離家，望斷水雲深際，心裡一片茫然，偶爾凝重的夜裡隱約會傳來令人斷腸的簫聲，就眞恨死了那個吹簫的人。

漸漸的，生活平寂了，淡去了，我已拭乾了眼角模糊的淚痕，心中的觸角往前慢慢的偸偸的伸著，一天、兩天、三天……。日子長著透明的翅膀，飛出長窗，飛向藍空。日子彷彿古裝電影的水聲流韻，只一琤琮，十年、百年、千年都會匆匆逸去。

我慢慢的習慣了這個新環境，逐漸愛上它。圓中心頂上亮晃晃的水銀燈總是帶給我祥和與及家的溫暖。的確！這裡是一個大家庭，在這裡我有了被愛與愛人的幸福，伸出去與接過來的手不再是施捨而是奉獻，跨出去的每一步都是對將來最堅强的試煉。在這裡，我正走在一條全新的路上，很多人給我鼓勵的眼光，很多雙手扶持著我，怕我跌跤。我感覺得出，神的臉一定離我離得很近。

我開始結交新朋友，我們都受過同樣的苦難與嘲笑，一顆創痕纍纍的心使我們更爲接近，當我們同在一起時，當心湖裡突然掠過星光時，我們都要互相牽引扶持，要活得儘情活得實在。而且，我完全不野了，班上每一位都是高手，大家競爭得很厲害。而且，除了小學的課程外，我們還有唐詩課，教我們唐詩的是趙老師。我最愛上她的課了，她的聲音眞好聽，低沉而且有韻味，吟起詩來就讓你覺得好像走在唐朝的青石板路上。尤其講起詩來，能使你的神思縹縹渺渺，彷彿回到漢家陵闕。

一浸淫到古詩詞，我的心就鮮活起來了，偶爾眼眶會佈滿一層薄薄的霧光，像是親手埋葬過古人的親切感，眞的說不出有多感動。

以後，我和進財每天都抱著一本唐詩，讀得心裡撲通撲通跳個不停。

我倆都想當一個詩人，我們都拚死命的在充實自己，早上也看書晚上也看書，教育組圖書館的書幾乎都被我看光了。我又從家裡寄了一堆古典文學來，每一本都認眞的看過，而且把美妙的詩詞抄在一本筆記本上。

有一次，陳老師帶我們到假山，整路的杜鵑花開得好搶眼，天空藍得會叫人掉進去了。我們坐在橋邊，望著遠處流淌著的綠野，聆聽著橋下的水聲，陳老師一一問了我們的抱負，問到我時，她說：

「黃能珍可以走文學這條路的。」

我抿著嘴笑了笑，很不好意思的低下頭。其實，我內心在湧動著，響起了趙老師古詩詞般的迴聲：『「君家住何處？妾住在橫塘。」停舟暫借問，或恐是同鄉。「家臨九江水，來去九江側，」同是長干人，生小不相識。』

想起了趙老師有一次讀到「清明時節雨紛紛，路上行人欲斷魂。」那麼眞切的感情，我離它們是何等的近呢!?老師！老師！這條路不管有多坎坷，我一定要去走它的，我一定要去走它的。

（寫於一九八〇年）